西学东渐与方以智的实学思想

杨爱东◎著

知识产权出版社
全国百佳图书出版单位
—北京—

图书在版编目（CIP）数据

西学东渐与方以智的实学思想/杨爱东著. —北京：知识产权出版社，2019.12
ISBN 978 - 7 - 5130 - 6693 - 8

Ⅰ.①西… Ⅱ.①杨… Ⅲ.①方以智（1611 - 1671）—哲学思想—思想评论 Ⅳ.
①B248.93

中国版本图书馆 CIP 数据核字（2019）第 285180 号

内容提要

本书以方以智的实学思想为线索，探讨东传科学对方以智实学思想的影响以及方
以智的实学立场对其学习、吸纳东传科学的多重作用。本书探讨对于儒学应如何发挥
在当今时代应有的价值与意义，对于儒学应如何吸纳其他文明尤其是西方科学文化中
的精华来充实与完善自身，对于如何建构一种更适合儒学与科学的对话交流机制、实
现二者的最佳共存与合作方式，都有积极意义。

责任编辑：安耀东　　　　　　　　　　责任印制：孙婷婷

西学东渐与方以智的实学思想

杨爱东　著

出版发行：	知识产权出版社 有限责任公司	网　址：	http://www.ipph.cn
			http://www.laichushu.com
电　话：	010 - 82004826		
社　址：	北京市海淀区气象路 50 号院	邮　编：	100081
责编电话：	010 - 82000860 转 8534	责编邮箱：	anyaodong@cnipr.com
发行电话：	010 - 82000860 转 8101	发行传真：	010 - 82000893
印　刷：	北京中献拓方科技发展有限公司	经　销：	各大网上书店、新华书店及相关专业书店
开　本：	720mm×1000mm　1/16	印　张：	13
版　次：	2019 年 12 月第 1 版	印　次：	2019 年 12 月第 1 次印刷
字　数：	189 千字	定　价：	76.00 元

ISBN 978 -7 -5130 -6693 -8

前　言

自 20 世纪 20 年代以来，学者们对儒学与科学的关系发表了多种观点，有的仍值得深入探讨：一是认为儒学阻碍科学论，较早如李约瑟、列文森等，当代也仍有一些学者坚持传统文化阻碍科学论；二是儒学不需要科学论，如冯友兰先生，这一观点认为儒学作为心性之学，并不关注自然，也不需要科学。但笔者在翻阅大量相关历史文献后发现，儒学与科学在不同时代往往呈现出不同的关系特征，因此，对儒学与科学关系的分析，应有历时态与共时态的多方面研究，才能得出较为客观的结论。也因此，本书选取第一次西学东渐为研究场点，以儒学实学思潮与西方科学的互动为对象，揭示此一时期儒学与科学的历史关系，因为这一时期儒学与科学发生了较多互动，既有科学对儒学的多方面影响与冲击，也有儒学对科学的特有态度与方式。因此通过对这次儒学与科学正面遭逢情况的分析，我们或可发现儒学与科学关系的更多不同侧面。

本书以方以智的实学思想为线索，探讨西方科学对方以智实学思想的影响以及后者对前者的学习与吸纳。全书由导论切入，接着介绍方以智实学思想形成的文化环境，即明末清初实学思潮与西方科学相互激荡下的时空环境。在实学思潮与西方科学的共同刺激下，方以智形成了以重知识与智性的观念扭转王学超知识乃至"反知识主义"的观念，以实证方法研究实际事物之为学原则矫正王学"舍物言理""扫物尊心"不着实际之学风的实学思想。然后分章阐述西方科学对方以智的具体知识及知识观念、研究方法及"格物致知"观念的影响与作用。

首先，在知识层面，方以智九岁就有机会向熊明遇学习西方科学，成年后又系统阅读过《天学初函》等译著，因此对西方科学的确定性、实用性与有效性有深刻认识，对其非常重视。在方以智的两本实学著作《物理小识》与《通雅》中，他不但引用与吸收了感兴趣的西洋新知，而且还使这些知识成为其知识结构中的有机组成部分，与传统科学相互补充，有机结合，共同成为其研究自然事物的基础理论。而随着知识的渗透，方以智的知识观点也发生了较大变化，即一方面他将理学偏重于伦理治教的知识内涵转向同时关注外在世界的客观知识，将自然知识、实用技术以及经典文献的考证知识重新纳入儒学的研究范围，重塑了"知识"的内涵与性质，为儒学开辟了重视形而下的客观知识的实学之路。另一方面，则把知识的地位提至与德性同等的高度，凸显了知识的内在价值，突破了儒家传统仁、智（知）关系的定位，一改孔子奠定的仁智统一、"仁"统一切的伦理基调，在承认"仁智统一"的前提下提出了"知统一切、仁人一切"，"三德首知"的命题。

与此同时，在西方科学的对照下，方以智也发现了中国传统学术研究方法的缺陷，即无论自然科学还是经学都缺乏凿实的精神以及与之相应的实证方法。因此，他积极学习，使实证成为一种方法的自觉，也因此，观察、实测、实验以及对结论须予以验证的思想便成为贯穿其自然研究的方法论原则，而且与前人不同的是，他还增加了在实测、实验基础上的分析与论证等理性成分。值得注意的是，在西方科学的影响下，方以智不仅把实测、实证视为"质测之学"的方法论原则，还将其推广至考证学领域，用以改造整个传统学术。方以智因此而成为明末清初西学逐渐进入儒学之链条上的关键环节。

知识的渗透与方法的学习还使方以智对儒学"格物致知"论的理解也发生了较大变化，在"格物致知"的对象、目的、方法等方面都有超越于儒学传统之处。他把儒者探求的对象扩大至自然界，同时还使探究事物的

"物理"与"至理"成为儒者的重要目的,并提出以"质测"为基础的"质测"与"通几"兼用互补的方法论。虽然,方以智对传统"格物致知"论的突破也表现出多方面的不彻底性,但儒学"格物致知"的内涵与性质却因此而发生变化。从认识的角度看,方以智的突破甚至可以看作在西学刺激下儒者对客观认知的一种新探求。

由方以智对西方科学的引用与研究及西方科学对其思想与学术研究方法的影响可知,方以智对西方科学的态度是开放的,但他的实学立场使他对西方科学的吸收是有选择的,即他倾向于引进实用性技术性的知识,而忽略原理性与理论性的知识,同时他"兼采西学,统归于《易》"的原则与补儒、救儒(补儒、救儒是明末儒者常用的词汇,并无瑕疵)的目的同样使他对西方科学的学习与吸纳受到很大限制。除此,方以智对西方科学的评价与态度也存在诸多矛盾,这同样影响到他对西方科学的认识深度与吸纳程度。

本书的最后是主要结论,分析已有研究的不足,展望未来的研究计划。

由方以智的个案分析我们发现,在儒学框架内,科学有其存在与生长的空间;对于西方科学,儒学也有供其切入的衔接点,方以智对西方科学的积极吸纳与研究即可证明。而西方科学对方以智在知识、方法、"格物致知"观念层面的影响以及儒学因此而发生的诸多变化也证明了儒学对科学的吸收能力与包容性,尽管这种吸收与包容有其局限性。但是,儒学对科学不只是排斥与阻碍,也有热情拥抱、亲密接触的一面,由此可知,前述"儒学阻碍科学论"与"儒学不需要科学论"的观点有失偏颇。同时,明末清初实学思潮与西方科学的复杂互动关系表明,儒学与科学的关系是一种在历史发展中不断变化的复杂、多元、矛盾的关系。

本书选择明末清初实学思潮与西方科学的互动与交流中方以智的个案分析来研究儒学与科学的关系,既具有重要的理论价值,又具有重要的现实意义。其理论价值在于,微观个案分析能够为儒学与科学的关系提供有效的实证性研究，展示儒学与科学关系的多个侧面，澄清儒学与科学的历史关系，同时也能够将科学对儒学的影响作用深入到核心概念层面，揭示儒学接纳西方科学的方式与具体路径，从而把儒学与科学的关系研究推进至更深层次。这是以往宏观文化研究难以实现的。其现实意义在于，明末清初实学思潮与西方科学的关系研究可以揭示儒学理解与吸纳科学时所表现出的合理性与弊端，为儒学的发展与更新提供一些建设性的方案与策略。因此本书对于儒学应如何吸纳异质文化尤其是西方科学文化中的精华来充实与完善自身，对于如何建构一种更适于儒学与科学的对话交流机制，从而为科学发展创造适宜的文化环境，同时也促使儒学顺利实现在当代的创造性转化与创新性发展，再次发挥其作为社会建设之文化精神的支撑力量，都具有重要意义。因为，儒学的复兴与科学的发展及其两者的共荣共处，在今天中国的现代化发展中仍有重要作用。

目　录

导　论

一、选题缘由与相关术语界定

自 20 世纪 20 年代以来，学者们对儒学与科学的关系发表了多种观点，其中有些观点仍值得商榷，一是认为儒学阻碍科学论，较早如李约瑟（Joseph Needham）、列文森（Joseph R. Levenson）等，当代也仍有许多学者坚持传统文化阻碍科学论。二是儒学不需要科学论，如冯友兰先生认为："中国之所以没有科学，是因为根据它自己的价值标准，她毫不需要。"❶ 尤其对于儒者来说，他只关注自己，不关注自然，因为科学并不是人类幸福中最本质的东西。但是，这些观点难免有偏颇之处，比如，李约瑟先生在他的《中国科学技术史》第二卷中说："在整个中国历史上，儒家反对对自然进行科学的探索，并反对对技术做科学的解释和推广。"❷ 这句话显然与历史发展的事实不符：一是，儒家虽然不关切自然，但为了实现"正德""利用""厚生"的理想目标，也借重于科学技术，而不是全然排斥它。二是，儒家虽是伦理中心主义的，但自程朱以降，由于其主张

---

❶ Yu‐Lan Fung: *Why China Has No Science—An Interpretation of the History and Consequences of Chinese Philosophy*, *International Journal of Ethics*, 1922（3），237–263.

❷ 李约瑟：《中国科学技术史》第二卷，科学出版社、上海古籍出版社，1990 年，第 8 页。

考察万物之理以达至对宇宙间最高的"理"的把握，所以，之后一些对自然研究感兴趣的儒者开始把研究数学与自然事物的学问视为讲经明道的工具，这也说明，二者并不是简单的排斥关系，而是有着某些内在关联。再如，儒学不需要科学的观点，也同样有违历史事实，因为不仅儒学用以治世的目标需要科学技术，其赖以存在的天道观念也同样需要天文学知识的支撑，而且儒学在某些历史时期也曾汲取过自然科学发展的菁华，如朱熹"格物穷理"观念即得益于沈括"万物都有理"的科学思想。❶

因此，儒学与科学的关系，无论是从历时态还是共时态来看，都存在复杂、矛盾、多元的关系，只有依据多方面的历史材料的分析，把握其具体的历史关系才能得出较为客观的结论。也因此，本书选取第一次西学东渐为研究场点，以明末清初实学思潮与西方科学的互动交流为对象，揭示此一时期儒学与科学的关系。这一时期儒学与科学发生了较多互动，既有科学对儒学的多方面影响与冲击，也有儒学面对科学所采取的特有态度与方式。通过对这次儒学与科学正面遭逢情况的分析，我们可以发现儒学与科学真实的历史关系，尤其是其复杂而多元的不同侧面。

本书所论"实学思潮"是指自万历三十年以后至清康熙中期儒家学者们普遍倡导的以"崇实黜虚"为宗旨、以"救世"为己任，倡导一切学术皆应"经世致用"的思潮，时间跨度主要是明末清初。本书所论主题即明末清初儒学实学思潮与西方科学的互动与交流，因为明万历三十年以后对阳明后学的批判才成为儒者的普遍自觉，而至清初，儒者们反思明亡原因，更将"崇实黜虚"作为自己从事学术与社会实践的准则，此一时期是实学思潮的盛期。这一时期，儒者们普遍使用"实学"这一概念来说明自己的学问内容与性质，所以该概念的内涵即指一切讲求实际的学问，虽然其外延几乎包括了社会、政治、经济、伦理、哲学、历史等诸多领域。

本书所指"科学"是广义上的科学，主要是指关于自然的系统知识和人类认识自然的活动领域。从科学发展的历史形态来看，其有古代科学与

---

❶ 李申：《中国古代哲学和自然科学》，上海人民出版社，2002年，第528–531页。

近现代科学之分；从科学的地域形态看，在西方近代科学革命以前其有欧洲科学、伊斯兰科学、印度科学与中国科学之分。自17世纪西方科学革命以来，西方科学成为现代科学的典范，其他地域形态的科学都采取跟进措施，尤其是进入20世纪40年代以来，可以说，全世界的科学已汇入一个总的发展潮流。

本书的关键词之一"西方科学"，是指16世纪末以来耶稣会士传入的西方科学。应该说，当时传入的科学知识是非常丰富的，既包括西方古代和中世纪的科学，如亚里士多德的物理学、托勒密天文学、盖伦的血液循环理论，又包括西方近代科学的内容，如伽利略力学、开普勒天体运动理论、哥白尼日心说和近代数学、地理学、生理学等。

二、国内外研究综述

明末清初耶稣会士传入的西方科学与这一时期儒家学者自发倡导的实学思潮的相遇，是儒学与西方科学的第一次实质性接触，两者的冲突与交流、碰撞与融合特别能够凸显双方各自的文化特质，以及两者的相互关系。因此，实学思潮与西方科学是研究儒学与科学关系的一个重要课题。百余年来，学者们从不同角度，探讨了实学思潮与西方科学关系的诸多问题，取得了许多研究成果。在此，笔者对该研究作如下综述。

首先，明末清初是西方科学大规模输入的时期，因此学者们关注较多的是西方科学传入之后对实学思潮的影响。此类研究可分为如下两个方面。

（一）关于西方科学对实学思潮之影响性质的评价

关于西方科学对明末清初实学思潮影响性质的评价直到21世纪初仍是一个存有争议的话题。自20世纪20年代以来，多数关注此问题的学者都对其持肯定态度，仅有少数学者持近乎否定的态度，还有部分学者认为应该适度评价。在此，我们对上述三种不同性质的评价做一简要回顾。

第一类是肯定性评价。持肯定态度的学者通常认为西方科学对实学思潮的兴起和发展有刺激和促进作用。如早在 20 世纪 20 年代，梁启超先生在《近三百年学术史》中就曾指出："中国知识线和外国知识线相接触，晋唐间的佛学为第一次，明末的历算学便是第二次（中国元代时和阿拉伯文化有接触，但影响不大），在这种新环境之下，学界空气，当然变换，后此清朝一代学者，对于历算学都有兴味，而且最喜欢谈经世致用之学，大概受利、徐诸人影响不小。"不过，梁先生并未对此影响给予具体分析。之后，唐擘黄在《明季清初西来天算对于清代学术的影响》一文中接续了梁先生的研究，更加细致地论证了西方科学对传统科学与学术的影响。[1] 此外，张荫麟[2]、陈观胜[3]、李恒田[4]等学者对明清之际西方科学于中国学术与思想的影响亦持肯定性评价。至 20 世纪 40 年代，嵇文甫在《晚明思想史论》中则把西学的输入看作与晚明古学复兴并起的解放思潮，并肯定了科学输入对清初诸儒经世致用思想的启发作用。[5]

1949 年至改革开放初，大陆方面对西学东渐的研究处于低潮，仅有钱宝琮[6]、严敦杰[7]对明清之际传入的数学与物理学的介绍，虽然他们没有旗帜鲜明地给西方科学的输入以肯定性评价，但从其研究成果中我们可以感受到他们的肯定态度。台湾方面则有王萍先生对西方历算学输入之影响的梳理与分析，王先生认为，"西方天文历算学之传入中国对中国思想方面的影响尤为深钜"。[8]

20 世纪 80 年代以后，随着大陆和台湾地区"西学东渐"研究热的兴

[1] 唐擘黄：《明季清初西来天算对于清代学术的影响》，《中山文化教育馆季刊》，1935 第 3 期。
[2] 张荫麟：《明清之际西学输入中国考略》，《清华学报》，1924 第 1 期。
[3] 陈观胜：《利玛窦对中国地理学之贡献及其影响》，《禹贡半月刊》，1936 第 5 期。
[4] 李恒田：《明末清初天主教士对于吾国天文之贡献》，《新北辰》，1936 第 2 期。
[5] 嵇文甫：《晚明思想史论》，东方出版社，1996 年，第 161 页。
[6] 钱宝琮：《明清之际西方数学的传入》，载《科学史全集》第三卷，辽宁教育出版社，1998 年，第 417 - 446 页。
[7] 严敦杰：《明清之际传入我国的伽利略天文学说》，《天文爱好者》，1964 年第 2 期。
[8] 王萍：《西方历算学之输入》，精华印书馆，1976 年，第 69 - 97 页。

起，学者们对西方科学与实学思潮的关注也开始多起来。1982 年，中国社会科学院张显清教授在《晚明心学的没落与实学思潮的兴起》一文中肯定了耶稣会士输入之西方科学对实学思潮中自然科学复兴所起的作用。❶ 当然，对西方科学与明清之际实学思潮关系研究着力最多的还属一直致力于推进中国实学研究的葛荣晋教授。在《中国实学思潮史》导论中葛教授指出："中西文化交融为明清实学思潮的发展提供了必要的条件，成为明清实学思潮的重要文化来源之一。"❷ 此外，研究思想史的冯天瑜❸、葛兆光❹、陈卫平❺等，研究科学史的樊洪业❻、徐光台❼等，研究中西文化交流史的沈定平❽等，对西方科学于中国传统思想文化的影响作用都是持肯定态度的。

第二类是近乎否定的低度评价论。这类观点认为明末清初输入的西方科学对中国传统思想文化的影响十分有限。这类观点的典型代表是侯外庐与何兆武。前者的《中国思想通史》与后者的《中西文化交流史论》《明末清初西学之再评价》对西学东渐的评价都比较消极。其主要观点是耶稣会士传入的科学是与西方近代科学相对立的前近代的、落后的科学，因此，耶稣会士输入的"落后"科学不但没有促进中国传统科学向近代科学发展，反而阻碍了中国在 17 世纪及时接触到西方近代科学，错过了与西方同步实现科学革命的机会。❾ 当然，此种观点过于绝对，有待商榷，因为中国传统科学与西方科学有着迥然不同的发展理路，二者相互接触，交流与融合实非短时间能完成之易事。再者，虽然耶稣会士传入的西方科学有

❶ 张显清：《晚明心学的没落与实学思潮的兴起》，载《实学文化与当代思潮》，首都师范大学出版社，2002 年，第 165 – 196 页。
❷ 陈鼓应：《明清实学思想史》，齐鲁书社，1989 年，第 11 页。
❸ 冯天瑜：《从明清之际的早期启蒙文化到近代新学》，《历史研究》，1985 年第 10 期。
❹ 葛兆光：《中国思想史》，复旦大学出版社，2001 年，第 413 – 475 页。
❺ 陈卫平：《第一页与胚胎——明清之际的中西文化比较》，上海人民出版社，1992 年。
❻ 樊洪业：《耶稣会士与中国科学》，中国人民大学出版社，1992 年。
❼ 徐光台：《儒学与科学：一个科学史观点的探讨》，《清华学报》，1996 年第 4 期。
❽ 沈定平：《明清之际中西文化交流史——明代：调试与会通》，商务印书馆，2007 年，第 435 – 582 页。
❾ 何兆武：《明末清初西学之再评价》，《学术月刊》，1999 年第 1 期。

种种局限性，但毕竟是中国第一次接触西方科学，其所传的许多科学知识对中国科学来说都是较先进的，对此已有学者论及，此不赘述。因此，我们应本着以史实为基础，客观全面地考察这一问题。不过何兆武虽然否定耶稣会士输入的西方科学对中国科学近代化的作用，但并未完全否定西方科学对明末清初中国思想和学风之转变所起的作用，因为他也承认晚明学界空气"由明心见性的空谈一变而为讲求经世致用的实学，下开有清一代的朴学，形成了对明学的一种反动，西方科技的知识不可谓不是其间的契机之一"。❶

清华大学的仲伟民也认为，"耶稣会士带来的西学在当时的影响面也是极为有限的"❷，首先，是因为使耶稣会士为传教而带来的知识不系统也不完整；其次，明末清初西学东渐中西之间根本没有真正的学术交流。但是他在强调西学影响极为有限的同时，并不否认耶稣会士带来的科学知识客观上的确起到了开阔中国人眼界、丰富中国人知识的作用。❸

第三类观点是适度评价论。主张适度评价西方科学对儒学之影响作用的大都是持理学发展"内在理路论"的学者。这类观点认为，理学在明末清初发展变化的主因是其内在机制，西方科学的输入最多只能是助因，因此对西方科学的作用不可夸大，而应适度评价。这类观点的主要代表是余英时、张永堂。余英时是最早提出并系统论证"内在理路"说的学者。他以《从宋明理学的发展论清代思想史》《清代思想史的一个新解释》《清代学术思想史重要观念通释》三文阐释了理学发展的原因乃在于理学内部的义理纷争。张永堂则以方氏学派中代表人物的个案研究为依据印证了余英时的"内在理路"，认为明末清初科学与经学的兴起乃是朱子格物说的一种发展，士人研究科学乃是在批判理学末流之空疏、反思儒学衰颓之原因基础上对儒学的复兴。

---

❶ 何兆武：《中西文化交流史论》，中国青年出版社，2001 年，第 250 页。
❷ 仲伟民：《从知识史的视角看明清之际的"西学东渐"》，《文史哲》，2003 年第 4 期。
❸ 仲伟民：《从知识史的视角看明清之际的"西学东渐"》，《文史哲》，2003 年第 4 期。

由上述可知，内在理路论者与适度评价论者并不否定西方科学对中学的影响作用，而是强调其作用的有限性和条件性。因此，该类观点恰恰给我们未来的研究指出了方向，即关于明末清初西学与中学关系的问题需要从宏观走向微观研究。因为，如果我们肯定西学对中学的影响，就应该通过更为细致的研究来把握西方科学对实学思潮的具体影响机制，如此才能把握实学思潮发展过程中内因与外因的具体作用。

（二）关于西方科学对实学思潮之影响表现的研究

关于西方科学对实学思潮之影响表现的研究是对影响性质评价的展开。

多数学者都十分肯定西方科学在扩大实学研究内容、开拓士人视野和改进实学研究方法方面的影响作用。这也是前述对西方科学于实学思潮之影响性质持肯定态度的学者的立论依据。最早如张荫麟、徐宗泽等都关注过西方科学对传统学术在内容与方法方面的影响。张荫麟的《明清之际西学输入中国考略》虽着眼于西学输入的考证，但也关注了西方科学于中国学术在研究内容的扩大和研究方法的改进方面的影响。❶ 之后徐宗泽也强调西方科学的影响"不在某种学问，而尤在于治学之精神和方法"。❷ 二人虽然并未对此问题展开分析，但却启发了后来学者的研究。之后，陈观胜和唐擘黄又将该研究向前推进了许多。陈观胜的《利玛窦对中国地理学之贡献及其影响》对利玛窦传入之世界地图在当时及入清以后的影响与传播情况作了较为深刻的分析，肯定了利玛窦输入地理新知的先锋创业式贡献。❸ 唐擘黄的《明季清初西来天算对于清代学术的影响》则以清代畴人增多、考证学方法发生实质性变化为据说明了西方科学对传统学术的影

---

❶ 张荫麟：《明清之际西学输入中国考略》，《清华学报》，1924 年第 1 期。
❷ 徐宗泽：《明末清初西士与吾国学者所著书概论》，《圣教杂志》，1935 年第 1 期。
❸ 陈观胜：《利玛窦对中国地理学之贡献及其影响》，《禹贡半月刊》，1936 年第 5 期。

响。❶ 他对西方科学方法于清初考证方法影响的分析至今仍有非常高的学术价值。

从1949年至70年代末，大陆及港台地区对该问题的研究相对较弱，但从20世纪70年代末至21世纪初，关于西方科学对中国传统科学之影响的研究成果大量涌现。较早的有钱宝琮的《明清之际西方数学的传入》。该文认为西方科学输入的影响在于促使中国学者反思传统数学和主动学习与运用西方数学方法。❷ 王萍则指出，西历、西算在学术界占一席之地、算家辈出、算书激增，中士吸收西算融入中算、以算学治经、以西法为治经方法都是西方历算学引进后发生的重大变化。❸ 徐光台的《明末清初西方"格致学"的冲击与反应：以熊明遇〈格致草〉为例》则致力于西方科学对于传统"格致学"以及士人对自然知识的看法的影响。❹ 他认为西方"格致学"的格物进路不但改变了儒者探讨格物问题的脉络，还使得西方科学成为儒家士人考证传统科学、批判宋儒、充实古儒格物宗旨的依据。

除此，刘钝、梅荣照、郭世荣、江晓原、黄时鉴、田淼、安国风等从不同方面对西方数学、天文学、地理学的传入于中国传统科学的影响进行了一定研究。❺ 海外汉学家、科学史家也不同程度地关注到明末清初西方科学对儒学框架下传统科学的知识与方法方面的影响。如著名科学史家席文（Nathan Sivin）就曾指出，17世纪30年代，中国专家已经学习到西方的计算方法、仪器观测方法和新的宇宙观。❻ 美国汉学家艾尔曼

---

❶ 唐擘黄：《明季清初西来天算对于清代学术的影响》，《中山文化教育馆季刊》，1935年第2期。

❷ 钱宝琮：《中国科学史》第三卷，辽宁教育出版社，1998年，第417-446页。

❸ 王萍：《西方历算学之输入》，精华印书馆，1976年，第69-97页。

❹ 徐光台：《明末清初西方"格致学"的冲击与反应：以熊明遇〈格致草〉为例》，载《世变、群体与个人：第一届全国历史学学术研讨会论文集》，台湾大学历史系，1996年，第235-258页。

❺ 刘钝．从徐光启到李善兰——以《几何原本》之完璧透视明清文化》，《自然辩证法通讯》，1989年第3期。

❻ 艾尔曼：《中国近代科学的文化史》，上海古籍出版社，2009年，第4页。

（Benjamin A. Elman）亦认为耶稣会士向中国政府提供了新的宇宙体系、数学用表和必要的仪器技术。❶

上述学者虽然研究角度和侧重的问题有所不同，但是他们共同分享了如下观点，即明末清初西方科学的输入丰富了传统科学的内容，改进了传统科学的方法，刺激了传统科学的发展。而且，上述学者对士人研习与接受西方科学情况的研究对我们进一步挖掘中西文化交流的深层次问题有较大助益。

前述学者的研究大都侧重于某一具体学科，葛荣晋教授则力图从总体上把握西方科学对实学的影响。在全面梳理士人学习与接受西学情况的基础上，葛教授重点分析了士人对西学实证方法与"由数达理"的数学方法的学习与运用，并指出西学方法的运用是对宋元"格物游艺"之学的突破。❷ 葛教授关于西学对实学影响的分析是从实学思潮的角度阐释儒学与科学关系的力作，因而为西学东渐研究开辟了新的方向。之后又有学者为该研究方向所吸引，如王杰关于明清之际实学思潮的系列论文，林国标的《清初理学与西学的接触及西学对理学的影响》等。

其实，对西方科学知识与方法的接受必然会影响到士人的思维方法进而影响到士人的学风，因此亦有许多学者关注西方科学之输入对明清之际学风由虚转实的促进作用。如早在20世纪30年代，徐宗泽就指出，耶稣会士带来的西方科学皆为切实有用、裨益民生之学，所以对当时为空疏学风弥漫的明季学术界影响非常大。❸ 英纯良先生同样肯定了西方科学对明末主观冥想、空谈蹈虚之学风的改造作用，认为西方科学的传入"造成了研究经世致用之学的空气"。❹ 谢国桢先生在《略论明末清初学风的特点》中亦指出明末清初学者中出现了徐光启、李之藻、梅文鼎、王锡阐等杰出的天文算学家，而且在物理学、机械学、农业技术方面都有所发明，不可

---

❶ 艾尔曼：《中国近代科学的文化史》，上海古籍出版社，2009 年，第 24 页。
❷ 葛荣晋：《实学思想史》，首都师范大学出版社，1994 年，第 16 页。
❸ 徐宗泽：《明末清初西士与吾国学者所著书概论》，《圣教杂志》，1935 年第 1 期。
❹ 英纯良：《耶稣会士在中国之贡献》，《新北辰》，1937 年第 2 期。

不说是受到了外来影响。❶ 由此可知，几位老前辈对西方科学于明季空疏学风的改造作用是十分肯定的。但这种改造作用是怎样发生的？改造的程度如何？还需要后来学者进一步揭示。

再者，部分学者还关注西方科学对儒家价值观的影响。早在 20 世纪 40 年代，嵇文甫先生在《晚明思想史论》就指出："明末西学输入的结果，不仅发展了天算、舆地、音韵等几种专门学问，实在说，当时整个思想变动未尝不受其影响。中国学者向来所尝讲的是道德伦纪，而对于一切名物度数、利用厚生之事则不甚留意……后来《泰西水法》《奇器图说》，种种实用的学问技艺逐渐输入，徐光启既受其影响，而著卓绝千古的《农政全书》，而清初诸儒经世致用的思想亦启发于此了。"❷ 时隔半个世纪，又有一些学者关注西方科学对儒家价值观变迁的影响。如杨国荣教授指出，儒家的理性主义价值原则在明清之际出现了引人注目的变化（即质测之学由"技"到"学"的提升及经学的以追求价值的合理性为特征的人本主义理性传统，在某些方面开始向崇尚工具合理性的工具主义理性原则转换），其重要原因在于，"西方近代科学中所蕴含的实证精神及工具理性等对占主导地位的儒家价值体系形成了内在的冲击，并相应地影响着初步接触西学的儒家思想家"。❸ 何俊的《西学与晚明思想裂变》则认为，传教士带来的西方科学，使得徐光启将科学的地位从形而下的工具层面提高到了形而上的与道德本体同样的高度，因而"使宋以来的儒学发生了一个革命，这个革命的性质是第一次明确地将科学赋予了儒学，并第一次使之成为儒学的最根本和最重要的因素。"❹ 何俊所说的"这个革命"实际是儒家价值观的变化、实学思想主要内容的变化。张晓的《它山之石——评明清间输入西方科学文化之价值》亦强调了西方科学对中国学术界从崇尚空谈

---

❶ 谢国桢：《略论明末清初的学风的特点》，《四川大学学报》，1963 年第 2 期。
❷ 嵇文甫：《晚明思想史论》，东方出版社，1996 年，第 161 页。
❸ 杨国荣：《明清之际儒家价值观的转换》，《哲学研究》，1993 年第 6 期。
❹ 何俊：《西学与晚明思想裂变》，上海人民出版社，1998 年，第 141 页。

向注重实用转变的自我批判运动的促进作用。❶ 上述学者对西方科学影响实学之价值观的分析较之知识与方法层面的分析又深入了许多，但稍感遗憾的是其分析仍属学理分析，若再能补充以儒家士人之著述的文本分析其论证会更深刻。

此外，还有个别学者论述了明清之际西学对传统学术形态变迁的作用。如尚智丛教授在《明末清初的格物穷理之学》中提出，中西方数学和自然哲学及认识方法相结合而形成的"格物穷理之学"在明末清初有较大发展且成为明季经世实学的重要组成部分。❷ 尚文的贡献在于，对西方科学于儒学的影响已由知识内容与方法层面进入认识论层面，其所使用的统计方法，以著作量为指标，通过对学者的研究兴趣及相关研究领域的活跃程度来分析西方科学对儒学的影响也为该领域的研究提供了很好的方法借鉴。其不足之处则在于，该研究仍属于外缘分析，若能深入当时士人的科技著作及其他著作内部考察其学术、思想的实际变化会更有说服力。

综上所述，关于西方科学对实学思潮影响表现的研究经历了由浅入深的过程，而且研究成果也比较多元。从最初对传入知识的梳理，到对知识、方法层面影响情况的分析，及至对学风、价值观和认识论等较深层面的影响都有所触及。但对知识方法等表层影响的分析远远多于价值观认识论等较深层影响的分析。整个研究的不足之处有三：一是以实学思潮典型人物展开的个案研究非常少见；二是从事西学与实学研究的学者较少接触当时传入的西方科学文本，因此以文本分析为支撑的论证比较少；三是对影响表现的研究基本属于中西文化交流的"冲击反应类"分析框架，因而关于士人本土文化传统对其接受西学的影响分析较少。不过，这一状况到20世纪末开始有所改变。❸

---

❶ 张晓：《它山之石——评明清间输入西方科学文化之价值》，《自然辩证法研究》，1992年第4期。

❷ 尚智丛：《明末清初的格物穷理之学》，四川教育出版社，2003年，第1-5页。

❸ 比利时汉学家钟鸣旦先生总结了学者研究17世纪中欧文化交流的四类"框架"：传播类框架、接受类框架、创新类框架、互动交流类框架。参看钟鸣旦《文化相遇的方法论：以17世纪中欧文化相遇为例》，《清史研究》，2006年第11期。

20 世纪 90 年代中期以后部分学者开始关注实学思潮作为本土文化氛围对于士人接纳西方科学的影响。西方科学何以能被实学思潮中坚人物热情接纳？西方科学以何种方式被接纳？这两个问题即实学思潮作为西方科学本土接应的两个方面：一是士人的实学立场和崇实的价值观念是西学之所以被接纳的本土文化条件。二是西方科学作为"实学"被士人接纳的方式问题，即西学如何被士人学习、消化、吸收与改造，并用以改造本土的传统知识与学术。

对于士人接受西学的实学立场，张显清教授在《晚明心学的没落与实学思潮的兴起》中分析了以徐光启为代表的西学派接纳西方科学的实学立场，这应该是中外学者第一次从实学思潮的角度来审视西学东渐的问题。❶樊洪业教授对徐光启、李之藻、杨廷筠等人西学观念的研究，也认为西方科学在当时是作为实学被接受的，而且很快成为实学的重要组成部分。❷樊教授也是较早看到西方科学与实学思潮之密切关系的学者，但西学与实学是如何联结的，樊教授却因主题所限未作分析。

稍后，葛荣晋教授也指出，西方科学之所以能输入中国是"因为它适应了明清之际经世实学思潮的社会需要"，西学与实学在知识、方法与价值观层面都具有一致性，因此，西方科学因其实理、实证与实用之特征而受到士人欢迎。❸因此，明末清初讲求实学的儒家士人正是从经世实学立场出发，以西学为实学，以西学补实学，广采博纳西学并自觉把它纳入经世实学思想体系的。❹葛教授对于西方科学与实学互动关系的分析对该领域的研究实有开创性贡献，不过其研究旨在对西学东渐与明清经世实学关系的总体把握，且着重于西学与实学在知识方法及价值观层面互动的学理分析，尚未深入当时西士输入的科学文本与士人的相关论著予以具体分

❶ 张显清：《晚明心学的没落与实学思潮的兴起》，载《实学文化与当代思潮》，首都师范大学出版社，2002 年，第 165 – 196 页。

❷ 樊洪业：《耶稣会士与中国科学》，中国人民大学出版社，1992 年，第 97 页。

❸ 葛荣晋：《实学思想史》，首都师范大学出版社，1994 年，第 241 页。

❹ 葛荣晋：《实学思想史》，首都师范大学出版社，1994 年，第 241 – 249 页。

析，因此，仍属宏观文化研究，有些问题还有待深入探讨。李志军的《西学东渐与明清实学》应该是对葛教授研究工作的一个继续。该书从实学研究的视角探讨了西学东渐与明清实学的互动关系，梳理了西学与明清实学在自然科学、工程技术和人文领域等的结合与会通情况，同时分析了中西两种文化相遇时表现出的冲突、交流与融合。该书的贡献在于揭示了实学思潮作为西学东渐的内在根据，阐明了西学与实学的互动性。❶但是由于此书研究的问题时间跨度大（从明末清初至辛亥革命），涉及问题和领域多，所以依然停留在对知识、方法的宏观概述层面，对西学与实学互动的深层次的问题讲得不够透彻。

张西平教授与陈卫平教授近年也有对于士人接纳西学的实学立场有深入研究。张教授的《西学与清初实学变迁》以实学思潮关键人物方以智的学术思想为例说明了西方科学对实学的作用要以实学自身发展为内在根源，外来异质文化所以发挥作用的根本原因在于中国文化自身。陈卫平教授把实学思潮视为士人对西学的本土接应，肯定了实学作为本土文化对西方科学积极的接纳作用。❷此外，徐海松认为实学思潮在治学方法与旨趣上为西学提供了一定的土壤和条件，并详细分析了士人接受与回应西学的立场和观点。❸这一分析与陈教授的观点并无太大区别，但徐文的特点在于，一是以对接触与学习西学士人的个案分析将宏观文化研究推进到微观个案研究的层次；二是对相关文献的爬梳非常细致，分析比较到位。唯感缺憾的是，徐文对士人接触的西学文本的分析较弱因而没有涉及士人学习西学的具体方式与特点。

对于儒学与西学衔接的方式，徐光台先生有较多论述。徐文的《藉"格物穷理"之名：明末清初西学的传入》讨论了儒学与科学在认识论层面的衔接与知识层面的互动问题。该文指出，西士为使西学传入获得正当

---

❶ 李志军：《西学东渐与明清实学》，巴蜀书社，2004 年，第 1 - 149 页。
❷ 陈卫平：《明清之际西学流播与中国本土思想的接应》，《南京大学学报》，2009 年第 10 期。
❸ 徐海松：《清初士人与西学》，东方出版社，2000 年，第 47 - 51 页。

性，以中国传统"格物穷理"为桥梁，利用西学与"格物穷理"论题相近部分的联系将西学传入中国。❶ 其后的研究中徐先生进一步指出，理学"格物穷理"论题是西学切入中学的衔接点，由此，西学被引入儒学而改变了儒学与科学间的关系，促进了儒学框架下的科学的发展。❷ 徐先生的研究给我们颇多启示。首先，其所关注的问题已深入儒学与西方科学在认识论层面的衔接问题，由徐先生的分析可知，中西认识论层面的衔接是西方科学能否被成功接纳的关键因素。因此，尽管其论述并非着眼于实学视角，但仍有较大借鉴意义。其次，徐先生以对儒家学者"格致学"文本的细致分析来阐释科学对儒学的冲击与影响，为我们提供了很好的方法论借鉴。

部分学者从哲学层面分析了实学思潮在价值观层面与西方科学的契合之处，这是西学与实学的深层关系。杨国荣教授《明清之际儒家价值观的转换》一文指出，明清之际儒家士人对西方科学的认同与工具理性地位的提升存在着相辅相成的关系。❸ 陈卫平教授亦通过分析徐光启、方以智等人对西学的认识与态度阐明了实学与西学在"经世致用"价值观和"言必证实"的方法论等方面的契合之处，这应是西学被嵌入实学的深层方式。

邓建华❹、张践❺亦分析了明清之际实学思潮经世致用的价值观对西方自然科学知识输入的重要作用，认为明清之际的"崇实默虚"的思想运动为基督教及西方自然科学知识的传播扫清了思想障碍。

对于儒学吸收西学的具体方式的研究主要集中于科学史界。安国风（Peter M. Engelfriet）的《欧几里得在中国》通过分析《几何原本》在中国的传播过程与传播方式，揭示了热爱数学的传统士人如何把公理化演绎体系的西方几何学改造为中式的算数学。孙承晟的系列论文则讨论了西方

---

❶ 徐光台：《藉"格物穷理"之名：明末清初西学的传入》，三联书店，2003 年，第 165 - 212 页。

❷ 徐光台：《儒学与科学：一个科学史观点的探讨》，《清华学报》，1996 年第 4 期。

❸ 杨国荣：《明清之际儒家价值观的转换》，《哲学研究》，1993 年第 6 期。

❹ 邓建华：《文化转型期中国士人对西学的价值取向》，《江汉论坛》，1996 年第 8 期。

❺ 张践：《明清实学是西学东渐的思想土壤》，《北方工业大学学报》，2006 年第 2 期。

自然哲学被士人学习、吸收，同时也因被改造而发生变形的多种情形。

综上所述，关于实学思潮对西方科学本土接应的研究有两点可以肯定：一是其分析模式开始由"冲击反应类"框架向"互动交流类"框架过渡，研究者不再仅仅关注西方科学的影响，而是探讨作为本土文化的实学思潮与西学的互动。二是该类研究中的某些个案分析已深入立足实学接纳西学的士人个体学术路线的变化情况，为我们把握实学与西学互动的深层次问题开启端绪。其不足之处也有两点：一是虽然研究者都力图通过分析实学思潮对西学的接纳方式来揭示二者的互动关系，且已寻到二者从知识、方法、价值观及认识论层面的衔接点，但对于儒学吸收西学的具体方式的研究仍嫌不够，原因在于对当时传入的西学文本和士人自己的著述的分析较欠缺。二是对于二者在某些核心概念层面的互动迄今还未有学者做专门探讨。虽然徐光台先生的研究已涉及儒学核心概念"格物穷理"，但其目的是探讨利玛窦如何借助中西认识论的衔接点传入西学，而非儒学如何调整自身接纳西方科学的具体路径。

部分学者也试图将西方科学对中学的影响与本土文化对西学的互动结合起来，揭示二者的互动关系。前述葛荣晋教授、陈卫平教授、李志军博士、徐海松博士都曾论及这一问题，但均属于思想史的宏观研究，微观个案研究成果数量较少。对该问题分析较细致的是徐光台先生。如上文提到的数篇文章中徐光台都试图阐明西方科学传入以后与中学的相互影响，不过他虽然旨在探讨中西"格致学"的互动，但其讨论框架仍属于"冲击反应类"，因此，西方儒学与科学间的深层互动关系还有待一步揭示。

此外，马来平先生对"西学东渐中的儒学与科学关系"鸟瞰式的回顾与分析虽不能归类于上述几种研究模式，但他的研究不仅使我们对西方儒学与科学交流、碰撞与融合方式的历史有了总体的把握，使我们认识到这一时期儒学与科学关系的复杂性与特殊性，还为今后以西学东渐为场点的儒学与科学的关系研究奠定了基础。❶ 最为重要的是，他不仅总结了该课

---

❶ 马来平：《西学东渐中的儒学与科学关系》，《贵州社会科学》，2009 年第 1 期。

题研究的重要意义，还指出该研究的科学译著及相关著作文本分析的薄弱，给今后的研究提供了方法论的指导。

（三）有待探讨的问题与本书研究的切入点

综观上述研究，学者们从不同侧面、不同角度探讨了明末清初实学思潮与西方科学的关系，取得了较多成果，且对问题的挖掘也呈逐步深入的趋势。但就总体研究状况来说，对西方科学于实学影响性质与表现的分析多于影响方式与条件的研究，对于西方科学影响儒学的研究多于对儒学接纳科学之态度与方式的研究；就研究方法来说，学理分析多于以原始文本为依据的实证性分析；从研究角度来说，宏观概论性研究多于微观个案研究。此外，对西方科学于实学核心概念的影响，就笔者所及，尚未有学者做专门分析。而我们认为，对于儒学接纳科学之态度与方式的研究以及西方科学于实学核心概念的影响问题是目前实学思潮与西方科学关系研究的两个关键点，因为儒学接纳科学的具体方式与儒学因吸收科学而发生的概念层面的变化是二者的深层互动，也是最能凸显二者关系的两个问题。因此，只有解决了这两个问题，我们才可以说对此一时期儒学与科学的关系有了较深的把握。

但是，要揭示西方科学与明末清初实学思潮互动关系的深层次问题，宏观定性研究与学理层面的分析已不能给予透彻解答，因此，以问题切入的个案研究应是可选的主要方案。我们欲选取实学思潮中与西方科学接触较深的代表性人物方以智为研究对象，深入分析西方科学对其知识观点、学术研究方法与"格物致知"思想的影响，以及其学习、吸纳西方科学的具体方式、实学立场及其局限性等问题来揭示儒学与科学的关系。因为，与实学思潮中的大多数儒者相比，方以智实学思想的突出之处是他对知识的重视尤其是形而下知识的重视以及对智性本身的重视。但是他与同样重视形而下知识的徐光启、李之藻等"西学派"相比有两点不同。一是，他吸收西方科学的具体方式比较有特点，因为他不但欲以西方科学的知识与方法补益传统科学，还将其用以改造传统考据学、历史学乃至整个传统学术。因此，李天纲认为西方科学向儒学的渗透经由"西学—实学—考据学"三个阶段，而方以智是实学环节上的代表人物，也是西方科学向儒学渗透的关键环节。● 二是，方以智对西方科学的态度比西学派保守，他的儒学立场更坚定，因而更能代表站在儒学立场上接纳西方科学的儒家学者。因此，方以智对待西学的态度，学习与吸纳西方科学的方式，尤其是西方科学在其实学思想形成过程的重要作用，尤能反应儒家学者接受西方科学的复杂情况，因而也更能够体现西方科学与实学思潮的互动机制。

但是，由于方以智的思想比较杂驳，前后思想又有变化与矛盾，所以我们对方以智的实学思想分析主要锁定在其两本重要的实学著作《物理小识》与《通雅》，当然，对他留存后世的主要哲学著述《东西均》《一贯问答》等涉及实学内容的也有较多探讨。

三、选题的理论意义与实际意义

本书以西方科学与实学思潮互动背景下方以智实学思想的形成作为研究主题，旨在揭示西学与实学的互动交流及其对儒学的影响。本书具有非常重要的理论价值与现实意义。其理论价值在于，一方面，微观个案研究与扎实的文本分析能够为儒学与科学的关系研究提供有效的实证性分析，展示儒学与科学关系的多个侧面，澄清儒学与科学的历史关系，同时将科学对儒学的影响作用深入到概念层面并分析儒家学者接纳科学的方式与态度，还能够揭示儒学与科学具体的互动机制，从而把儒学与科学的关系研究推进至更深层次。另一方面，西方科学与实学思潮的关系研究还可揭示儒学理解与吸纳科学时所表现出的合理性与弊端，为我们在未来的理论研究中挖掘儒学中能够与科学发展相协调的因子，予以深度阐释，同时改造儒学不利于当今文化建设与科学发展的方面，促进儒学在现当代的创造性

● 李天纲：《跨文化的诠释：经学与神学的相遇》，新星出版社，2007 年，第 382 页。

转化与创新性发展。

其现实意义在于，分析西方科学与实学思潮的互动关系对于探讨儒学在当今的时代价值以及应如何发挥儒学在当代应有的价值，对于儒学应如何吸纳其他文明尤其是西方科学文化中的精华来充实和完善自身，对于如何建构一种更适于儒学与科学对话的交流机制，都有积极意义。儒学的复兴与科学的发展对于今天中国的现代化发展仍有重要意义。儒学吸取科学的理性精神改造自身，实现价值系统的转换或更新，从而实现理性化与现代化是一项极其艰巨的事业。儒学在新时代下实现创造性转化和创新性发展，突破其价值硬核以实现传统与现代的完美结合又是其必然的选择。如此，才能适应时代发展，达到善与真的完美结合，发挥引领中国社会发展的精神文化功能，为中国科学的发展，也为整个中国社会的发展提供更有益的精神滋养与文化动力。

四、本书探讨的主要问题、研究方法与框架

本书研究的主要问题是西方科学与实学思潮的互动关系。为了揭示二者的具体互动机制，使问题探讨更深入和细致，我们采取个案分析的方式，即通过西方科学对方以智在知识、方法、观念层面的影响以及方以智接纳西方科学的实学立场与矛盾态度揭示儒学与科学这段真实的历史关系。由此我们可以发现儒学与科学关系的多个侧面，其中儒学对科学不只是排斥和阻碍，也有热情拥抱和亲密接触的时期，因此，"儒学阻碍科学论"与"儒学不需要科学论"的观点是片面的。同时，我们也发现，儒家学者面对具有高势能的异质文化的矛盾心态，即一面热情学习、积极接纳，一面却因儒学文化优越性心理与实用主义核心价值观的束缚，使得对西方科学的学习仅停留于具体的知识与方法，而对知识与方法的吸纳又仅停留于实用层面，而未及其理论理性的内在价值层面。这一点，在方以智身上体现得特别明显，尤其是他对西学的矛盾心理以及前后态度的巨大变

化，严重影响了他对西学的认识深度与吸纳程度。因此，利用西学东渐这一特殊的历史场点，采取儒学与科学互动的角度，也可以使我们深刻认识儒学自身的缺陷尤其是接纳科学时所表现出的主要问题，从而促使我们积极地反思这一缺陷，并为今天儒学的复兴提供一些切实的意见与方案。

本书的研究方法主要是比较法与文本分析法。书中根据论述需要选择了多种比较，如对西方科学的态度，既有方以智与徐光启和李之藻等西学派的比较，也有方以智与明末清初三大实学家黄宗羲、顾炎武、王夫之的比较。此外，还有方以智与前代儒者及同时代儒者在知识观点与学术研究方法方面的比较；影响方以智思想、学术与方法的西学书籍与方以智自己的科学著作的比较；方以智对待西方科学前后态度的比较。文本分析也是本书的重要方法。文本是任何历史研究的最基本的事实来源和依据。考察西方科学与明末清初实学思潮关系问题也必须借助于对历史文献资料的比较与分析，竭力从文献记载的史实中找出西方科学与明末清初实学思潮各种显在或潜在关联要素，来阐释西方科学与明末清初实学思潮在当时、当地是以何种媒介、何种方式发生接触且彼此影响和彼此促进的。因此，西方科学文本与方以智科学著作的分析与比较，西方科学文本与传统科学文本的分析比较都是非常重要的研究方法。除此以外，现在社会科学的基本研究方法如统计方法、内容分析法也是对文本分析予以量化的恰当方法。最后，对于个别问题的研究，如方以智面对西方科学的矛盾心态，我们采用了历史心理学的方法，即根据历史材料还原当时的社会场景，还原研究对象在彼时彼处的心理状态，而不是以当代人的立场与观点评判研究对象。

本书的具体思路是以方以智的实学思想为线索，探讨西方科学对方以智实学思想的影响的各个方面，以及方以智的实学立场对其学习与吸纳西方科学的多重作用。全书由导论切入，再简要介绍方以智实学思想形成的文化环境和方以智实学思想的内容与特征，接着对西方科学与实学思潮的互动关系进行分析，并由此得出儒学与科学关系的特点及评价，最后展望儒学与科学关系的未来发展，并为其提供切实的建议。

第一章，导论部分提出问题，对已有研究进行综述，阐明本书的理论价值与现实意义，并交代研究方法、研究思路和本书结构安排。

第二章，简要介绍方以智实学思想形成的文化环境。一是，明中后期实学思潮兴起，士人纷纷寻求"崇实黜虚"的途径与方法，方以智继承其家传的征实传统，形成重读书求知与强调以实证方法研究实际事物的实学思想。二是，介绍方以智接触的西方科学书籍与其学习西方科学的情况，分析西方科学在科学知识、科学研究对象、研究方法论以及研究目的层面对方以智实学思想的影响。

第三章，方以智实学思想的内容与特征。在实学思潮与西方科学的共同刺激下，方以智形成了在其时代独树一帜的实学思想，即以重读书、重知识的观念扭转王学超知识乃至"反知识"主义的观念，以实证方法研究实际事物的为学原则矫正王学"舍物言理""扫物尊心"不着实际之学风的重知识尤重形而下的知识、重客观认知的重智思想。

第四章，西方科学与方以智知识观点的变化。通过对西方科学的学习与研究，方以智对知识内涵与知识地位的理解都发生了较大变化，西方科学作为一种新鲜、异质、有用且有效的知识类型是补益儒学知识体系的资源。

第五章，西方科学与方以智研究方法的改进。方以智对西人之仪器精良、观测之精确以及重实测与重验证的研究方法有深刻的认识与理解，因而方以智不但欲以其实证方法改造传统科学，还欲以改造考证学方法以及整个传统学术。

第六章，西方科学对方以智实学思想的影响不仅在知识与方法层面，还深入儒学核心概念层面，如"格物致知"，无论从格物对象、格物方法还是格物之目的的角度看，方以智对儒学传统的"格物致知"论都有突破。

第七章，由前述几章的分析可知，方以智对西方科学的态度是开放的，但是他对西方科学的吸收却是有选择性的，即他倾向于引进实用性技术性的知识，而忽略原理性与理论性的知识，同时他兼采西学，统归于《易》的原则与"补儒""救儒"的目的以及他对西方科学前后的矛盾态度同样使他对西方科学的学习与吸纳受到很大限制。

第八章，结语部分。通过分析方以智的个案我们发现，西方科学与实学思潮存在复杂的互动关系，因此儒学与科学的关系在不同时期是有变化的，二者是一种历史的动态关系，而儒学对科学也不只是排斥与阻碍，还有热情拥抱、亲密接触的一面，因此二者的关系表现为矛盾的、复杂的多元关系。最后总结本研究主要结论，分析已有研究的不足之处，并展望未来的研究计划。

本书的理论框架是中西文化交流的"互动与交流框架"理论。因为正如钟鸣旦（Nicolas Standaert）先生所论，这个框架建立在传播框架、接收框架以及创新框架的基础之上，但又与前者不同。它强调传播的双向性、信息的可变性，认为传播者与接收者在对话中地位平等。互动交流类框架关注了接收方的参与性、主动性与创造性。在西方科学与实学思潮相遇的特定时空背景下，儒家士人对西方科学的学习与接纳被放入一个更大的社会文化环境中，士人在建构自己对现实的理解时应用了传教士提供的西学的含义，与此同时，对他者的理解也形塑了对自我的理解。具体到本书的个案分析，方以智对西学的接纳是积极主动的，在学习与研究西方科学的过程中也确有创造性的成果，而他的实学思想也因主动吸收西学知识与实证精神而与前辈儒者和同时代未深入接触西学的学者大为不同。

方以智实学思想形成的社会文化环境

　　个体思想的形成离不开其成长与发展的特定时代，方以智实学思想的形成也是明末清初这一特定历史时期的社会、文化相互激荡的结果。

　　从社会史的角度看，明末清初即自明朝万历三十年后至清朝康熙中期，是中国历史上的动荡时代。这一时期阶级矛盾和民族矛盾十分尖锐，而最令士大夫阶层痛心疾首的则是明王朝的灭亡。反思社会时弊、总结明朝灭亡的教训便成为儒家士人的首要任务。从思想史的角度看，这一时期也是思想极为活跃，各种治世救弊之策略与方案层出的时代。当时的士人痛定思痛都把明朝灭亡的原因归罪于心学末流"谈空说玄"风气的盛行，纷纷起而批判王学乃至整个宋明理学，由此一股倡导"崇实黜虚""经世致用"的社会思潮兴起。对"实学"的倡导起于明中期，但当时此呼声还较为微弱，明清之际方达鼎盛。与实学思潮兴盛同时发生的还有中国近代文化交流史上非常光辉的一页——"西学东渐"。西学的传入既是对中国传统文化的冲击与挑战，也是中西文化第一次实质性的接触与交流的历史机遇，而"中西文化的交融，为明清实学思潮的发展提供了必要的条件，成为明清实学思潮的重要文化来源"❶。实际上，明末清初实学思潮与西方科学不仅存在时间上的并起与空间上的相互呼应的关系，在价值观和方法论上亦有契合之处❷，二者亦有相互激发、相辅相成的关系。一方面，实学思潮促进了士人对西学的学习与接纳；另一方面，西学传入又为实学思潮输入了新鲜的文化血液，对实学思潮起到了刺激和催化作用。实学思潮的高涨与"西学东渐"是方以智实学思想形成的社会与思想文化背景。认识方以智的实学思想，首先需要对其形成的背景有基本的了解。

方以智出生于 1611 年，正是实学思潮兴起，同时也是西方科学大规模输入的时期，其成长在明王朝没落并最终导致明清鼎革的时代。方氏家族系桐城非常富足的大户人家，也是"以儒为业"的理学世家。自其曾祖父方学渐始，便创办会馆在当地讲学。其祖父方大镇、父亲方孔炤都有学术著作传世。方以智自幼便接受传统的儒家教育，熟读经史，博学多闻，又有远大志向与抱负。但是，明王朝的没落，明清鼎革，成年后的坎坷经历，使他的思想充满批判精神。与此同时，天赋极佳且勤奋好学的方以智因接触西方科学较早，又得以在与西学的比较中洞察理学乃至整个儒学的弊端。因此，在实学思潮与西学东渐双重激荡的时代大背景下，方以智发展出了与同时代儒者不同的实学思想。

第一节　实学思潮与方以智实学思想的形成

阳明心学的兴起打破了旧有的权威标准，对理学的发展和明中后期的思想解放都具有积极作用。但是其"心外无理""心外无物"的命题以及"四句教"的顿悟功夫却为王门后学的虚无主义和空谈之风的盛行埋下伏

---

❶　陈鼓应：《明清实学思潮史》，齐鲁书社，1989 年，第 11 页。
❷　陈卫平：《明清之际西学流播与中国本土思想的接应》，《南京大学学报》，2009 年第 10 期，第 81 – 89 页。

笔。其后王艮、王畿、邹守益、钱德洪等使阳明"良知说"日益禅宗化，王学的空虚和简陋之弊日渐显现并对明末学风和整个社会风气造成恶劣影响。因此，自阳明时代在反思和批判王学的同时，倡导实学的呼声便已开始，至方以智时代则达到高潮。这一以"崇实黜虚"为宗旨、以"救世"为己任，倡导一切学术皆应"经世致用"的思潮被称为实学思潮。这一思想运动是儒家士人反思王学乃至整个理学、实现补偏救弊的运动，也是儒学的一次自我校正运动，因此它既有批判性又有建设性。明末清初的实学思潮在儒学史上的重要意义在于，首先，它使理学家们由空谈心性返回到经世致用的途径上来，使儒家学者在哲学、伦理、政治、社会等层面上进行了各种"补儒""救儒"的有益探讨，促进了儒学思想的发展。其次，致力于"经世""救世"的儒家士人还做出了重要的实际贡献，如主张"一切用世之事，深宜究心"的徐光启、李之藻等西学派，翻译了大量"有裨世用"的西学书籍，使实学成为接应西学的文化力量；力主古学复兴的复社子弟在陈子龙的带领下编纂了《明经世文编》，整理了《农政全书》，顾炎武完成了《天下郡国利病书》。尤为重要的是实学思潮还影响至清初士人的思想及学风，使他们在严酷的政治环境下专注于经世典籍，把考据学发展至极致，同时积极消化明末输入的西方科学。

明末清初儒家学者对于实学的探讨反映在当时的社会、政治、经济、思想文化等各个领域，为阐明方以智的实学思想与这一时代思潮的密切关系，我们将其间倡导实学的学者们的主要思想按其所在领域和问题进行分类梳理和介绍。❶

一、哲学层面：以"气本论"为基础的实理论

"气本论"是明中后期学者们批判王学、理学的本体论基础。其主要

---

❶ 本书所论主要是明末清初儒学实学思潮与西方科学的互动与交流，因为明末清初是实学思潮的鼎盛时期。但对阳明后学的反思与批判可追溯至更早时期，因此本章对文化环境的描述亦有溯及更早时期的内容。

代表人物有罗钦顺、王廷相、吴廷翰、唐鹤征等。思想的主要特征，一是强调气的实在性与客观性；二是在理气关系上认为气为理之本，理为气之条理。

　　首先，持"气本论"的思想家都肯定"气"的实在性与客观性。他们都以"气"为实有的物质性实体，同时又把"气"或"元气"规定为客观世界的本原。比如罗钦顺针对程朱把"理"视为决定物存在与变化的独立实体的观点，提出"理在气中"之论。他说："自夫子赞《易》，始以'穷理'为言，理果何物也哉？盖通天地，亘古今，无非一气而已。气本一也，而一动一静，一往一来，一阖一辟，一升一降，循环无已。积微而著，由著复微，为四时之温凉寒暑，为万物之生长收藏，为斯民之日用彝伦，为人事之成败得失。"❶ 就是说，气是天地间存在的最根本的物质，或曰实体，天地万物皆本于气；气之动静、往来、变化而成世间万象。王廷相更是把气看作产生万物的基质和终极根源，因而得出"元气之上无物、无道、无理"的结论。❷ 王廷相认为："天内外皆气，地中亦气，物虚实皆气，通极上下造化之实体也。是故虚受乎气，非能生气也；理载于气，非能始气也。"❸ 这既是对张载气一元论的继承与发展，也是对佛教与道家的"空""无"之宇宙本体论的批判。把元气规定为实有的物质性实体，并把其视为宇宙造化的本原，显然是欲以其取代程朱之"理"和陆王之"心"的本体地位。吴廷翰亦认为，气是宇宙之根本的实在，理之着实之处。他说："天地之初，一气而已。非有所谓道者别为一物，以并出其间也。气之混沌，为天地万物之祖，至尊而无上，至极而无加，则谓之太极。"❹ 唐鹤征亦以张载"以气为本"的实体论对抗王畿等人"以无为本"的虚无主义，指出"盈天地之间，只有一气，唯横渠先生知之"❺。此外，罗钦顺以

---

❶ 罗钦顺：《困知记》，中华书局，1990 年，第 4 - 5 页。
❷ 陈鼓应：《明清实学思潮史》，齐鲁书社，1989 年，第 58 页。
❸ 王廷相：《慎言》，《王廷相集》，中华书局，1989 年，第 753 页。
❹ 陈鼓应：《明清实学思潮史》，齐鲁书社，1989 年，第 206 页。
❺ 陈鼓应：《明清实学思潮史》，齐鲁书社，1989 年，第 527 页。

气本论为基础批判了王阳明所谓"天地人物之变化皆吾心之变化"的论点。他说:"若谓天地人物之变化皆吾心之变化,而以发育万物归之吾心,是不知有分殊矣,既不知分殊,又恶可语夫理之一哉!盖发育万物,自是造化之功用,人何与焉!"❶ 这是说,天地万物的变化有其内在根据,并不随人的主观意志而转移,因此把客观世界归之于吾心,是不知道人心乃是天地之分殊的道理。作为明季最早敏锐觉察出心学理论之虚妄倾向的学者,罗钦顺对陆王心学之心物关系理论的批判还是比较有力的。

其次,在把"气"规定为宇宙间根本实体的同时,强调理依于气,理为气之理,而不是形而上的实体。如罗钦顺指出,"(宇宙万物)千条万绪,纷纭胶葛而卒不可乱,有莫知其所以然而然,是即所谓理也。初非别有一物,依于气而立,附于气以行也"❷,"理只是气之理,当于气之转折处观之。往而来,来而往,便是转折处也。夫往而不能不来,来而不能不往,有莫知其然,若有一物主宰乎其间而使之然者,此理之所以名也"❸。就是说,"理"依于"气"而存在,是维持气之运动变化有条不紊的所以然,即气之运动变化的根据和内在法则。因此,理是气之理,不能离开实在的气而言理,"理只须向气上求取"。罗钦顺的理气观对王学颇有挑战性,因此其虽有对朱子的"理气论"做简单化理解的倾向,但是他认为,脱离物质言理只会落入空虚无着之境,而"就气言理"才是实理的主张开辟了明中后期以气本论批判理学与王学的道路。王廷相亦把"理"规定为"气"之条理。他说:"夫万物之生,气为理之本,理乃气之载。所谓有元气则有动静,有天地则有化育,有父子则有慈孝,有耳目则有聪明是也。非大观造化,默契道体者,恶足以识之?"❹ 就是说,气为万物由以产生的基质,理寓于气之中。元气变化造就万物,有"物"才有"物之理则"。他还强调说,"理载于气,非能始气也。世儒谓理能生气,即老氏道生天

---

❶ 陈鼓应:《明清实学思潮史》,齐鲁书社,1989年,第30页。
❷ 陈鼓应:《明清实学思潮史》,齐鲁书社,1989年,第23页。
❸ 罗钦顺:《困知记》,中华书局,1990年,第68页。
❹ 陈鼓应:《明清实学思潮史》,齐鲁书社,1989年,第60页。

地矣"❶。即理存在于气之中，但不能生气，理只是气的条理、秩序。"故气也者，道之体也。道也者，气之具也。"❷ 因此，离气言理，只是空虚无着之名，其论也只是"谈虚架空"的无着之论。吴廷翰亦持"理即气之条理"的论断。他说，"理也者，气得其理之名"，"理即气之条理，用即气之妙用。"❸ 他对理与气之体用关系的阐释旨在强调理不离气、理依于气的实理观。

综上，"气本论"的观点既简单又明确，因此，尽管他们的论证有不完善之处，但却是在本体论层面对王学"心本论"和理学之"理本论"的极为有力的批判。同时，以实有的"气"为宇宙组成基质和"格物致知"根源与建基于形上之"理"的理本论和建基于"空""无"基础上的释、道两家的虚无主义相对立，则为实学思潮奠定了理论基础。

二、伦理层面：道德实践论与实修论

在伦理层面，学者们反思的对象主要是理学关于道德认知与德性修养的理论与实践。其中，德性之知先验论和单纯静坐参悟的道德修养方法论是实学思想家们批判的主要对象，因而针对这两个问题提出的强调"实践""实修"的矫正方案也最多。代表性人物有王廷相、顾宪成，黄绾、吴廷翰、高攀龙、唐鹤征对此亦有贡献。

首先，王廷相、顾宪成等人都批判了宋明理学中先验论的"德性之知"说。其实宋明理学的许多大家，如张载、程颐、陆九渊等由于其在道德本体上皆持先验论，因此，在德性之知的获得上亦认为"德性之知，不假闻见"❹。至王阳明，其"致良知"说更是主张"德性之良知，非由见

---

❶ 王廷相：《慎言》，《王廷相集》，中华书局，1989 年，第 754 页。
❷ 王廷相：《慎言》，《王廷相集》，中华书局，1989 年，第 753 页。
❸ 陈鼓应：《明清实学思潮史》，齐鲁书社，1989 年，第 30 页。
❹ 程颢，程颐：《二程遗书》，上海古籍出版社，2000 年，第 375 页。

闻而有"❶。对于这一脱离实际的先验论，王廷相根据其"思与见闻之会"的经验论认识原则进行了批评。王廷相指出，"德性之知，不假见闻"是错误的，此说只会如禅学一样误人。他说："近世儒者务为好高之论，别出德性之知，以为知之至，而浅博学、审问、慎思、明辨之知为不足，而不知圣人虽知，唯性善、近道者而已，其因习、因悟、因过、因疑之知，与人大同，况礼乐名物，古今事变，亦必待学而后知?"❷ 就是说，近人偏好德性之知（以其为本然之知，知之至），而鄙薄思与闻见之知，殊不知圣人之知亦须假于闻见，离开思与闻见，德性之知即如"幽闭之孩提"。他举例说，如果赤子一出生便被幽闭，不与外界接触，长大后连牛马都不能辨认，何况君臣、父子等人伦礼节。因此，"诸凡万物、万事之知，皆因习、因悟、因过、因疑而然，人也，非天也"❸。由此可知，王廷相借人人可以想见的设例来说明德性之知如人类的其他知识一样都需要借以思虑与见闻是非常恰当的，因此，他的批判是十分形象有力的。吴廷翰亦批评阳明的良知说，认为其抬高德性鄙薄见闻如枯坐之僧，幽闭之婴孩，而主张"德性之知必实以闻见"，"必由耳目始真"。❹ 顾宪成对先验论德性之知的批判集中于王学的"现成良知"论。他反对"不学而能良能""不虑而知良知"的"良知良能"论，认为其不但违反先圣的教导，而且欺人误己。"良知不虑而知，不学而能，本自见成，何用费纤毫气力。这等大话，岂不自误误人，其为天下祸甚矣。"❺ 在此基础上，顾宪成提出了自己对"知"的理解，"所谓知者，非可凭空杜撰，非可临时造次主张。须是我这里光光净净，一切呈出本相，没些子遮盖"❻。这里的"知"虽不专就德性之知而言，但其强调知的非主观性，对于批驳王学德性之知的先验性还是有针对性的。此外，唐鹤征、黄绾、高攀龙等对阳明学派的"现成良知

❶ 王阳明:《传习录》，中州古籍出版社，2011 年，第 183 页。
❷ 陈鼓应:《明清实学思潮史》，齐鲁书社，1989 年，第 68 页。
❸ 陈鼓应:《明清实学思潮史》，齐鲁书社，1989 年，第 69 页。
❹ 陈鼓应:《明清实学思潮史》，齐鲁书社，1989 年，第 221 页。
❺ 陈鼓应:《明清实学思潮史》，齐鲁书社，1989 年，第 680 页。
❻ 陈鼓应:《明清实学思潮史》，齐鲁书社，1989 年，第 683 页。

说"的批判亦切中肯綮，在此不一一列举。

　　针对理学的主"静"和阳明学派主"悟"的德性修养方法，学者们亦有批判。如王廷相指出，程朱的"主静"说乃"近禅氏之虚静"，而王阳明的"致良知"说教人虚静养心，终日端坐，枯守其形，也是远离圣人之道，因为"清心志，去烦扰，学之造端故不可无者，然必有事焉而后可……夫心固虚灵，而应者必藉视听聪明，会于人事，而后灵能长焉"❶。因此欲达至圣人无欲境界不但要养心还需要于人事方面着实做一番实际的修养工夫。王廷相以儒家经典为例，指出《大学》教人静而存养之功，《论语》教人动而省察之功，学者修行须"动"和"静"两种方法"并体而躬行之"，也就是他所谓"动静交相养"的道德修养论。其目的在于纠正理学偏于内而遗于外的修养方法。他说："今之学者笃守主静之说，通不用察于事会，偏矣。"他还认为："若不于德性、义理、人事，著实处养之，亦徒然无益于学矣。"❷ 也就是说，只"主静"而不于人事上体验、体察是偏颇的，应该将德性的修养落实于具体的人伦事物中，理学主"静"和阳明学派主"悟"实际是贬低修治之学，有违儒家"下学而上达"的本义。之后，黄绾亦指出，阳明心学有废学与思的倾向，"今日君子，于禅学见'本来面目'，即指以为孟子所谓良知在此，以为学问头脑。凡言学问，唯良知足矣……良知即足，而学与思皆可废矣！而不知圣门所谓志道、据德、依仁、游艺为何事，又闻其说，以为良知之旨，乃夫子教外别传，唯颜子之资，能上悟而得之，颜子死而无传；其在论语所载，皆下学之事，乃曾子所传，而非夫子上悟之旨。此以鼓舞后生，固可喜而信之，然实失圣人之旨，必将为害，不可不辨"❸。因此，他提倡"必于吾心独知之地实效其力"，在"实言、实行上做工夫"❹。

　　如果说，在修养方法上程朱陆王还只是强调自我关照、偏于内省的

---

❶ 陈鼓应：《明清实学思潮史》，齐鲁书社，1989 年，第 68 页。
❷ 陈鼓应：《明清实学思潮史》，齐鲁书社，1989 年，第 75 页。
❸ 陈鼓应：《明清实学思潮史》，齐鲁书社，1989 年，第 88 页。
❹ 陈鼓应：《明清实学思潮史》，齐鲁书社，1989 年，第 90 页。

话，王门后学则最终走向了"不说工夫"、流于"空悟"的境地。针对这一欲取消道德修养的错误倾向，顾宪成提出了"悟"与"行"相结合的修养理论以校正之。顾宪成认为，"悟"必须与"行"相结合，"悟于何始？因行而始。悟于何终？因行而终"❶。因此，顾宪成并不排斥"悟"，而是反对王门后学的"顿悟"，而且基于对王学"以悟为宗"之恶劣后果的认识，他对于"修"的重视实际远重于"悟"。唐鹤征虽是王门后学，但他对"现成良知"及其"空悟"理论的反对亦不遗余力。针对王畿的良知"不假工夫，修证而后得"之说，唐鹤征指出："修证之功，不敢废也"，"或谓悟以前之功，皆是虚费之力。此不然也。悟前悟后，凡有实功，皆实际也。颜子悟后而非礼勿视听言动，固真修也，使原宪而有悟，则其克伐怨欲之不行，亦真修也"。❷ 因此他亦主张"心上工夫"和"事上工夫"都要做，博学、审问、躬行都是修行的细密工夫，因此他对于"格物之功"和"学问之功"非常重视。

综上，明清之际学者们在批判理学先验德性论与单纯静坐参悟的修养方法基础上提出的实践、实修论是伦理层面"由虚返实"的表现与成果，也是实学思潮中的一个重要分支。

三、政治层面：实用、实效的事功论

面对明末腐败的封建制度和王学末流带来的诸多社会流弊，具有强烈忧患意识和责任感的学者认识到，空谈只能导致"教衰而俗败"，因而在激烈批判时弊的同时，纷纷寻求实用且能够施之有效的学问与改革方案，因而在政治思想、政治体制、社会经济、军事等方面革除弊症的救世策略是实学家们讨论的主要问题。

在政治思想上，针对由封建独裁专制导致的政治腐败，有的学者以儒

---

❶ 陈鼓应：《明清实学思潮史》，齐鲁书社，1989 年，第 684 页。
❷ 陈鼓应：《明清实学思潮史》，齐鲁书社，1989 年，第 537 页。

家传统的"民本"思想予以矫正。如罗钦顺说："《传》曰：民者邦之本，财者民之心。官匪其人，民心未有不伤者也。伤心及本，而邦且安赖焉"。❶ 因此，他主张民本德治。崔铣亦强调民在国家中的重要地位和作用，"民为邦本"，"民者，国之永基也"❷。吕坤则指出，"盈天地间只靠两种人为命，曰：农夫、织妇"❸。顾宪成不但把百姓视为社会的主体，更提出了"天下之是非，自当听之天下，无庸效市贾争言耳"❹。黄宗羲受其启发，进而提出"天下为主，君为客"❺，即以百姓为国家主体的初具民主思想的宣言。此外，还有学者提出了初步的限制君权和分权的思想。如陈子龙指出，皇帝独揽大权易造成恶劣后果，如果其权力运用不当就应该将一部分权力分与朝臣。黄宗羲在其设计的理想社会中，也强调了分权的问题。一方面，他认为君主的权力与义务应该明确，"明乎为君之职分"❻。另一方面，宰相、臣员、学校祭酒也分担部分国家权力，这样社会管理会处于良好的运行状态。顾炎武的分权思想也是非常有价值的，他说"人君之于天下，不能以独治也；独治之而刑繁矣，众治之而刑措矣"❼。因此，天下的权力应托付于天下之人行使，权力则仍归于君主。

　　在政治体制方面，学者们亦提出许多旨在整治腐败的封建体制的方案，其中改革吏治是学者关注的焦点，而选才用才又是改革吏治中的核心问题。首先，是对于选用人才重要性的高度重视。如王廷相把选贤、任贤看作改革和救弊的关键。"修政之要，莫先于任贤。"❽ 其次，对于用贤的标准，除了传统的"德才兼备"，学者更重视具有济世之资的人才。最后，对于选贤的原则与方法，王廷相主张打破资格与门第，顾宪成亦认为，应

---

❶ 陈鼓应：《明清实学思潮史》，齐鲁书社，1989 年，第 18 页。
❷ 陈鼓应：《明清实学思潮史》，齐鲁书社，1989 年，第 131 页。
❸ 陈鼓应：《明清实学思潮史》，齐鲁书社，1989 年，第 497 页。
❹ 陈鼓应：《明清实学思潮史》，齐鲁书社，1989 年，第 662 页。
❺ 黄宗羲：《明夷待访录·原君》，中华书局，2007，第 8 页。
❻ 黄宗羲：《明夷待访录 原君》，中华书局，2007，第 12 页。
❼ 顾炎武：《日知录》，安徽大学出版社，2007 年。
❽ 陈鼓应：《明清实学思潮史》，齐鲁书社，1989 年，第 53 页。

该打破等级贵贱的取士标准，破格提拔人才。他说："士亦何择于贵贱也！贵而取贵焉，贱而取贱焉，唯其当而已。"❶ 对于如何取士，陈建提出了"敦行举行义"的方法，即选才须以贤才为本而不可轻取"浮文"。黄宗羲则认为，取士当宽，用士需严。他还主张将自然科学与技术纳入考试内容，指出杜绝无真才实学之人入选才是是务实作风。此外，高拱和陈第还就官吏升迁制度及任期问题提出过切实有效的改革方案。

在社会经济上，对于当时存在严重问题的赋税制度、土地问题和迫切需要解决的水利、救荒问题学者都有讨论。在诸多改革方案中涉及最多的是当时赋税过重问题，因为这是关系到百姓疾苦、国家治理的最重要的问题。倡导有益民生与家国之实学的学者如罗钦顺、王廷相、黄绾、崔铣、高攀龙、陈子龙、张溥、顾炎武都主张轻徭薄赋。如罗钦顺主张"宽征"以裕民。王廷相则主张"宽赋税，轻徭役"，认为盗贼四起，社会危乱的原因在于赋敛横出、徭役频兴，而事简、赋轻才能政平、气和，要想社会安定必须减轻农民的赋税和徭役。虽然其出发点是维护统治秩序，但他所提问题对维护民生和社会治理却有积极意义。此外，高攀龙还提出以货币税代实物税的"贴役"制度。对于土地兼并问题，王廷相提出了抑制豪强、稽查地籍、矫正租税的主张。他认为，"阡陌开，兼并生，抑豪、稽籍、正租之法善也。占田有限，所以抑也；疆界有书，所以籍也；租税有常，所以正也。抑则农之业普，籍则田之隐寡，正则贫之食足。官民之利，贫富之愿，由之而可均也，不亦善乎哉！"❷ 崔铣则主张通过限田来达到均田的目的。徐光启、陈子龙、黄绾、崔铣、唐鹤征都指出兴修水利对于保证农业生产的重要性；徐光启、黄绾还提出了兴修水利、治理河漕的原则与具体方法。除此，徐光启、黄绾、唐鹤征等还对救荒政策做了认真的研究，其中，徐光启、黄绾的义仓之法，唐鹤征的业主赈济佃仆的方法，都是比较理想且实施起来相对有效的救荒策略。

---

❶ 陈鼓应：《明清实学思潮史》，齐鲁书社，1989年，第661页。
❷ 陈鼓应：《明清实学思潮史》，齐鲁书社，1989年，第48页。

在军事方面，则有崔铣、陈建、高拱等对城防与兵备问题以及变革边防策略的讨论；陈第还进一步指出，戎马经术都是治国安邦的经世之学，不可厚此薄彼。因此，他对于练兵、军队建设方面都有建设性的改革建议。此外，徐光启提出了兵士选拔的求精责实原则和实选实练的具体方法。徐光启还非常重视火器在作战中的作用。

四、学术层面：实际、实用、实证

在学术层面，学者们批判的焦点在于理学末流和王学末流之尚空谈的学风，因此，这方面的建设性思想也非常丰富。陈第很早就指出心学兴起导致了学术界"书不必读""物不必博"的坏风气。再如，顾宪成批判阳明学说："往往凭虚见而弄精魂，任自然而藐兢业。陵夷至今，议论益玄，习尚日下"，只能"率天下而归于无所事"。❶ 高攀龙则认为，程朱与陆王，一派重实知实践，一派重内省自悟，虽各有所弊，但实病易消，虚病难补。所以他倡言，"吾辈当相与稽弊而反之于实"❷。至清初，黄宗羲、顾炎武等人则把清谈之虚浮学风视为明朝灭亡的重要原因之一。黄宗羲批评心学流于空谈，不着实事，"今之言心学者，则无事乎读书穷理，言理学者，其所读之书不过经生之章句，其所穷之理不过字义之从违……封己宁残，摘索不出一卷之内……天崩地解，茫然无与吾事，犹且说同道异，自附于所谓道学者也，昨逃之者之愈巧乎"❸。顾炎武亦批判言心学者："不习六艺之文，不考百王之典，不综当代之务，举夫子论学论政之大端一切不问，而曰一贯，曰无言，以明心见性之空言代修己治人之实学，股肱惰而万事荒，爪牙亡而四国乱。神州荡覆，宗社丘墟。"❹ 与对空疏学风的批

---

❶　陈鼓应：《明清实学思潮史》，齐鲁书社，1989 年，第 664 页。

❷　陈鼓应：《明清实学思潮史》，齐鲁书社，1989 年。

❸　黄宗羲：《南雷诗文集·前集》，载《黄宗羲全集》第二十册，浙江古籍出版社，2012 年，第 56 页。

❹　顾炎武：《日知录》，安徽大学出版社，2007 年，第 384 页。

判相伴随的则是对"崇实"学风的倡导与建设问题。一方面,学者们都主张以经世致用之学取代虚浮而不切实用的空谈,关心国计民生,强调经济事功,反对理学末流与王学末流"局于内而遗外"的虚玄作风。另一方面,多数学者则将如何使学风返之于实的问题落脚在学术实践中。其表现有二,一是治学内容,或转向经、史,或转向自然科学,或以西学为实学来补益儒学;二是治学方法,倾向于以实事求是的原则,实际观察、考证的方法做研究。

首先,明末倡导"崇实"学风的学者一般都以"经世致用"为纲领。如王廷相指出,"君子为学,要之在具夫济世之资"❶。因此他倡言"诸生读书,务期以治世为本,而为有用之学"❷。由此可知他是把有关经国济世的学问看作有用之实学。高攀龙亦把关乎治国平天下和百姓日用之道的学问视为"有用之学",否则便是无用落空的学问。之后,复社领袖张溥、陈子龙更是旗帜鲜明地以"复兴古学""务为有用"为思想纲领,以"利社稷、福苍生"为实学标准,并在此宗旨下展开实学研究。张溥说:"凡经函子部,迄历代掌故家言,君子小人所以进退,夷狄盗贼所以盛衰,兵刑钱谷之数,典礼制作之大,无不博极群书,涉口成诵。"❸ 陈子龙则以极大的热情致力于实学建设,主持编辑《明经世文编》,整理刊印《农政全书》。其中《明经世文编》不但内容丰富,包含政治、经济、文化等多方面关涉国计民生的实用知识,而且还阐发了复社成员济世救时的思想,对于推进当时学风的转变有重要意义。

学风的由虚转实还体现在学者的具体研究方向与研究内容的改变,立足传统,从儒家经典中寻求经世致用之学问与经验是多数学者的首要选择。复社以"复兴古学""务为有用"为宗旨,主张复兴经学以改变当时士人不通六艺、不务实学的风气,因此张溥及其他复社成员在经学方面也

---

❶ 陈鼓应:《明清实学思潮史》,齐鲁书社,1989 年,第 47 页。
❷ 陈鼓应:《明清实学思潮史》,齐鲁书社,1989 年,第 47 页。
❸ 陈鼓应:《明清实学思潮史》,齐鲁书社,1989 年,第 875 页。

小有成就。之后，黄宗羲、方以智、顾炎武对张溥通经致用的思想都有所发挥。黄宗羲认为，明人"读书不以六经为根柢"而导致"束书不观，游谈无根"，因此，治经可以矫正空谈无着之风，启迪愚蔽，"亦变浮薄之一术也"❶。顾炎武则慨然喊出凡"文之不关六经之旨、当世之务者一切不为"❷。方以智亦欲以"藏理学于经学"来挽救理学之衰颓。此外，明末清初的大思想家大都认为史学亦为经世之学，如顾炎武提出了史学以经世的思想。他说："史书之作，鉴往所以训今……引古筹今，亦吾儒经世之用。"❸ 因此，尽管就其个人来说，治经、治史各有所重，但通常都会强调治经与治史的密切关系。如黄宗羲就认为，经为"原"、史为"委"，二者密不可分，"学必原本于经术，而后不为蹈虚，必证明于史籍，尔后足以应务"。❹ 因此，学者欲"不为迂腐，必兼读史"。❺ 据史籍所载，黄宗羲本人博览经史百家，影响一代学人，使"前此讲堂锢疾，为之一变"❻。方以智亦经、史并讲，"经以穷理，史以征事"❼，顾炎武则提出了"六经皆史"的论断。

将研究领域由内在心性转向自然界也是晚明学风由虚返实的一个重要表现。在这方面有突出贡献的有朱载堉、徐光启、宋应星、徐宏祖等。他们共同的特点是不局限于儒家传统的经、史经世的范围，将研究领域拓展至自然界。徐宏祖亦将求知目光转向大自然而走了一条与传统儒生不同的格物路径。宋应星则力图通过对明代应用技术的总结改变士人重道轻艺、崇尚空谈的旧习。朱载堉对"由数达理"的思想业已摸索至近代科学的边缘。徐光启、李之藻、王徵等则形成了研究与学习西方科学的"西学派"。他们以西方科学为实学，视西方科学为补益儒学的有益力量。如徐光启即

---

❶ 陈鼓应：《明清实学思潮史》，齐鲁书社，1989 年，第 90 页。
❷ 陈鼓应：《明清实学思潮史》，齐鲁书社，1989 年，第 1112 页。
❸ 陈鼓应：《明清实学思潮史》，齐鲁书社，1989 年，第 1127 页。
❹ 陈鼓应：《明清实学思潮史》，齐鲁书社，1989 年，第 960 页。
❺ 陈鼓应：《明清实学思潮史》，齐鲁书社，1989 年，第 961 页。
❻ 陈鼓应：《明清实学思潮史》，齐鲁书社，1989 年，第 961 页。
❼ 方以智：《浮山文集前编》卷五，清康熙此藏轩刻本，第 27 - a 页。

为利玛窦等西士之学问与操行所折服，曰："泰西诸君子，茂德上才，……其实心、实行、实学，诚信于士大夫也。"❶ 李之藻则称，西方科学"技巧绝伦"，"不徒论其度数而已，又能论其所以然之理"，且对国计民生有极大实用价值，"总皆有资实学、有裨世用"。❷ 因此他们投入极大的热情与精力翻译了大量的西方科学著作，使传统的天文、数学、地理、生物、机械制造等领域都发生了较大变化。与研究对象之变化相适应的是上述学者的治学方法也趋于实证化，重视实际观测与考察，重实验、验证成为研究自然科学的必备方法，这既是推进学风转变的切实有效之力量，也是明末学风改变的重要表现。

从学术研究方法入手考证古学以纠正王学空疏学风在明末清初亦渐成风气，并汇入实学思潮形成考证实学。如早在明中叶，杨慎已认识到，理学家"使事实不明于千载，而虚谈大误于后人"❸。因而欲通过研究朱子以前的"六经"以恢复其被宋儒遮蔽的古书本义，因此，杨慎倡导的以"求实"原则考证古书开出了明清考据学之先路，可惜当时应者甚少。之后，焦竑开创的运用古文字语言规律进行考证的原则，以及陈第确立的本证兼旁证的考证方法则推进了明末清初考证学的发展。此外，陈第排除先见、注重实地考察、尊重历史事实也体现了明末学者对实事求是之原则的贯彻与运用。至清初，黄宗羲、顾炎武、方以智亦博稽经史，疏证辨伪，不仅继续了明末学者的求实原则，在方法上亦有较大推进。上述学者不仅以实事求是的精神和治学方法为明末清初学风由虚转实作出重要贡献，还为清代乾嘉考据学的发展奠定了坚实的基础。

五、实学思潮对方以智实学思想形成的影响

方以智所处时代正是实学思潮高涨之际，有志之士纷纷主张以实学救

---

❶ 徐宗泽：《明清间耶稣会士译著提要》，上海书店出版社，2006年，第241页。
❷ 徐宗泽：《明清间耶稣会士译著提要》，上海书店出版社，2006年，第194-195页。
❸ 陈鼓应：《明清实学思潮史》，齐鲁书社，1989年，第175页。

世，且从哲学、伦理、政治、学术等层面提出诸多实学主张，方以智自幼受到严格的儒家传统教育，饱读诗书，成年后游历南北，自少年时期就立下经世之志："今天下脊脊多事，海内之人不可不识，四方之势不可不识，山川谣俗、纷乱变故，亦不可不详也。一旦天下有事，吾当其任，处分经略，取之眼中手中，可以猝办。"❶ 因此，对于如何拯救现实社会也有过深入思考，而对如何救正理学之弊和挽救儒学之衰颓方以智更有自己独到的想法，也因此，方以智实学思想的形成乃是明末整个社会崇实黜虚之风气使然。此外，家学熏陶和师友的教诲与切磋则是方以智崇实思想形成的直接原因。首先，方以智家学的崇实之风是明末实学思潮的一个缩影。其祖父方学渐即以崇实为宗旨，反对王学空幻虚浮之说，方学渐讲学之地桐川会馆就命名为"崇实堂"。方学渐与东林人士交往密切，曾应邀到东林书院讲学，而且得与顾宪成和高攀龙等东林领袖往复论学，其论学成果集结为《东游记》。方学渐为方以智取乳名为"东林"即是希望他将来能成为一名忧国忧民的饱学之士。因此，方以智应该比较熟悉顾宪成、高攀龙等人的实学思想。方以智的父亲方孔炤亦重视经世之学，其有《周易时论》《全边略记》《职方旧草》等经世之作。方孔炤对西方科学颇感兴趣，早年与熊明遇有过交流，后曾著有《崇祯历书约》，多处征引《崇祯历书》《职方外记》《泰西水法》中的科学知识。方以智受其父影响，九岁就有机会向熊明遇问学，流寓南京时期他又有机会研读《天学初函》。因此，笔者推断，通过阅读《天学初函》中西学派人士徐光启、李之藻所作序跋，方以智应该也会比较熟悉他们对西方科学的看法和实学观点。尤令人关注的是，方以智流寓南京时期，他的伯姑曾致信劝其专心读书："伯姑山左寄书曰：汝父向为名职方，顷年靖变退贼，不忧不起官，正恐谈兵是沙场耳。吾侄读书，讲求实学，何徒苦吟痛饮耶！天分无限，正当尘务经心。"由此家书不仅看到方以智家学崇实传统，亦可见当时崇尚务实乃是社会的普遍风气，以至连足不出户的大家闺秀也对经世之学如此关心。其次，师

---

❶　陈鼓应：《明清实学思潮史》，齐鲁书社，1989 年，第 1003 页。

友影响。方以智的业师白瑜、王宣，座师余飏等皆崇尚实学，对其思想影响亦比较大，其中，方以智的《物理小识》多次提及的尊师王宣，对名物训诂有独到研究，好物理，著有《物理所》，《物理小识》即为《物理所》付梓而作。除此，方以智与东林后劲复社成员交往密切，其中与复社领袖陈子龙交情深厚，有方以智《陈卧子诗序》为证："余束发时为诗，即与天下言诗者不合。年二十，乃交云间陈子卧子，志相得也。"❶ 所谓"志相得"，不仅包括二人在诗学方面的志趣相投，应该还包括他们对时事之关切的一致性，后来有志于编纂大型百科全书或有受陈子龙编辑《明经世文编》的影响。另，"主盟复社"期间，方以智曾与复社子弟讨论时政，切磋学问，筹划当世大计。

因此，在晚明崇实之风的大潮下，受家学影响与师友往复交流的激励，方以智从矫正理学末流之虚浮学风的立场上，不自觉地把实学的取向转向自然事物的研究和考据学的研究。除了《物理小识》与《通雅》，他曾决心编纂一部关于自然科学的丛书集成——《格致全书》："农书、医学、算测、工器乃是实务，各存专家。九流各食其力，听之而已，总为物理，当作格致全书。"❷ 另在《寄尔公李舒章书》中他亦阐发了编纂实学丛书的宏愿："愚者若得世资，当建草堂养天下贤才，删古书而统类之，经解、性理、物理、文章、经济、小学、方技、律历、医药之故，各用其所长，各精其极致，编其要而详其事，百卷可举。"❸ 因此，方以智自述"一生实究，好学不厌。"❹ 直到晚年他依然怀有当年的抱负，"一柄善刀还自砺，欲挥残日上春高"，希望用自己的笔锋来阐发其学术救世之思想。

---

❶ 方以智：《浮山文集前编》卷二，清康熙此藏轩刻本，第29－b页。
❷ 方以智：《通雅》，上海古籍出版社，1988年，第40页。
❸ 方以智：《膝寓信笔》，载方昌翰《桐城方氏七代遗书》，清康熙此藏轩刻本，第24－25页。
❹ 方以智：《药地炮庄》，华夏出版社，2011年，第12页。

第二节　西方科学与方以智实学思想的形成

一、方以智与西方科学的接触

方以智生活与成长的时代正逢徐光启、李之藻等人与耶稣会士翻译、传播西方科学的高峰时期，加之其父方孔炤对西方科学也颇感兴趣，因此他有很多机会接触与学习西方科学。具体说来，其接触途径有三，一是受熊明遇及其《则草》《格致草》的影响；二是阅读西方科学书籍；三是直接受教于耶稣会士。

（一）受熊明遇及其《则草》《格致草》影响

方以智九岁在福建见熊明遇与父亲讨论西方科学便非常感兴趣，"万历己末，余在长溪，亲炙坛先生，喜其精论"[1]，因此熊明遇应该是其学习西方科学的启蒙老师。徐光台先生据熊氏《则草》的编撰时间推断其中西学知识的来源应有：《浑盖通宪图说》《圆容较义》《乾坤体仪》《泰西水法》《表度说》《天问略》等。[2] 也就是说，方以智在幼年拜访熊明遇时已对上述书籍中的内容有所了解。后来方以智又得到《则草》改编版——《格致草》。从他在《物理小识》中屡屡引用与提及《格致草》来看，方以智对熊氏的《格致草》研读甚详，而且方以智在知识、思想和对西方科学的态度方面受熊氏及其书的影响较大，这在方以智的著作中有明显体现。首先，在知识方面，《物理小识》引用《格致草》内容颇多。《物理小识》中具有基础性理论地位的卷一"天象原理"部分是综合《格致草》卷一"原理恒论""原理演说"两部分内容而成。除此，《物理小识》卷

---

[1]　方以智：《物理小识》，商务印书馆，1937 年，第 3 页。
[2]　徐光台：《熊明遇与幼年方以智》，《汉学研究》，2010 年 9 月，第 28 卷第 3 期。

一中的"节度定纪""南极诸星图""九重""声异",卷二中"雨徵""冻成花草鸟木之形""南北风寒温之异""野火塔光"等条分别引自《格致草》相关内容的全部或部分。其次,熊明遇对西方科学的认识与态度也对方以智有较大影响。比如方以智在《物理小识》中征引了一段《格致草》中关于地理环境对于个体和文化之影响的议论:"如中国处于赤道北二十度起,至四十度止,日俱在南,既不受其亢燥,距日亦不甚远,又复资其温暖,禀气中和,所以车、书、礼、乐、圣贤、豪杰为四裔朝宗。若过南逼日太暑,只应生海外诸蛮人;过北远日太寒,只应生塞外沙漠人。若西方人所处北极出地与中国同纬度者,其人亦无不喜读书,知历理。"❶这段议论表明了熊明遇对西人、西学的看法,即他是在平等意义上对传教士带来的西方文化表达的一种文化认同感,这与传统儒家思想之"夷夏之辨"是完全不同的。方以智对这段话原文照搬,表明他非常认可和赞同熊氏的观点。虽然他自己也有"坐集千古之智"的开放胸怀,但能够完全以一种平等态度看待西学恐怕还是与熊明遇的影响有关。最后,熊明遇认为西方科学皆经实测而定,确乎有据,非传统自然知识所比。因此,在《格致草》中他以西方科学考证传统自然知识,对于那些"才士寓言,学人臆测,撼之于理,殊捍格不合"者则判其为"渺论"❷。这对方以智批判传统博物学中的某些知识条目也有影响,如方以智在《通雅》中以西人以远镜测"天汉"皆为至细之星批评《埤雅》、杨泉《物理论》的错误理论,还明确指出:《博物志》言:'天河与海通,浮槎见织女,归访君平。'乃寓言耳。"❸《物理小识》中也有多处以西学考证传统科学之处。因此,熊明遇及其《格致草》对方以智的影响是比较大且直接的。

---

❶ 方以智:《物理小识》,商务印书馆,1937年,第2页。
❷ 熊明遇:《格致草》(函宇通本),载《中国科学技术典籍通汇》,河南教育出版社,1993年,第6-65页。
❸ 方以智:《通雅》,上海古籍出版社,1988年,第440页。

（二）方以智阅读的西方科学之书籍

前已有述，方以智童年时代就有机会接触西方科学："幼随家君于长溪，见熊公《则草》，谈此事。"❶ 虽然《则草》不是原汁原味的译著，但其中包含丰富的西方科学的内容，这些新鲜的异域知识足以引起方以智的好奇心和求知欲，因此在福建期间他应有很多时间可以向熊明遇讨教其中的科学知识。❷ 不过这一时期，他还未接触到真正的西学书籍。

方以智系统阅读西方科学书籍应是寓居南京时期，即 1634—1639 年（崇祯七年至十二年）。在此期间，方以智不但得到李之藻编纂的《天学初函》《西儒耳目资》等书，还得以结交耶稣会士毕方济，对西方科学开始有较全面的学习与了解。《膝寓信笔》有记曰"得李存我书"❸。又曰："西儒利玛窦泛重溟入中国，读中国之书最服孔子。其国有六种学，事天主、通历算、多奇器，智巧过人，著书曰《天学初函》，余读多所不解。"❹ 由此可知，方以智寓居南京时已系统阅读了《天学初函》，虽然对其中的科学知识还不能掌握，但通过《西学凡》的介绍和中士所作的大量序跋他应该对西方科学的分科、主要内容和特点有所认识。再者，尽管由于种种原因毕方济不能为他解答科学方面的问题，但是为他介绍西书还是可以的，因此，估计方以智通过毕方济还有机会得到《天学初函》之外的其他西学书籍。比如，通过《膝寓信笔》的一些描述我们可以推断，他还看到了金尼阁的《西儒耳目资》，"今日得《西儒耳目资》，是金尼阁所著，字父十五，字母五十有甚……可证明吾之等切"❺。此外还有利玛窦的《坤舆万国全图》《乾坤体仪》《通雅》中有多处内容来自这两本书。如"地圆说"一段乃是引用利氏原文："地与海本是圆形，而同为一球，居天球之

---

❶ 方以智：《膝寓信笔》，载方昌翰《桐城方氏七代遗书》，清康熙此藏轩刻本，第 26 - a 页。
❷ 徐光台：《熊明遇与幼年方以智》，《汉学研究》，2010 年 9 月，第 28 卷第 3 期。
❸ 方以智：《膝寓信笔》，载方昌翰《桐城方氏七代遗书》，清康熙此藏轩刻本，第 20 - b 页。
❹ 方以智：《膝寓信笔》，载方昌翰《桐城方氏七代遗书》，清康熙此藏轩刻本，第 25 - 26 页。
❺ 方以智：《膝寓信笔》，载方昌翰《桐城方氏七代遗书》，清康熙此藏轩刻本，第 9 - a 页。

中，如鸡卵黄在清内。有谓地为方者，乃语其定而不移之性，非语其形体也。天既包地，则二极、周度、纬度、赤道皆相应。但天包地为甚大，其度广；地处天中为甚小，其度狭。直行北方二百五十里，北极出，高一度，足征地形果圆。"❶另对九天之名的讨论亦源于该书的"天有九重论"，"九天之名，分析于《太玄》，详论于吴草庐，核实于利西江"❷。《物理小识》中还盛赞了利氏输入之地图的初创之功，"至泰西入，始为合图"❸。综上可知，方以智居住南京期间阅读的西书几乎涵盖了当时传入的主要西学书籍，包括天文、数学、地理、医学、生物等多种学科。具体来说，仅《天学初函》就有二十种，其中理编九种：《西学凡》一卷，《畸人十篇》二卷，《交友论》一卷，《二十五言》一卷，《天主实义》二卷，《辨学遗牍》一卷，《七克》七卷，《灵言蠡勺》二卷，《职方外纪》五卷；器编十一种：《泰西水法》六卷，《浑盖通宪图说》二卷，《几何原本》六卷，《表度说》一卷，《天问略》一卷，《简平仪说》一卷，《同文算指》前编二卷、通编八卷，《圜容较义》一卷，《测量法义》一卷，《测量异同》一卷，《勾股义》一卷。但是方以智对其中的宗教类书籍并不感兴趣，据现有材料所知，仅引用过《畸人十篇》一次，而对科技类书籍的内容却引用甚多，如仅《物理小识》就引用《职方外纪》五十多次，其余如对《泰西水法》《浑盖通宪图说》《坤舆万国全图》等亦引用较多。

1640 年中进士入住北京以后是方以智学习西方科学的又一个重要阶段。在此期间他结识了汤若望，《主制群征》《坤舆格致》《远镜说》应是其在北京所读的主要西学书籍。《物理小识》卷三引用了《主制群征》中的部分生理知识，《通雅》卷三十四有提及西方望远镜的结构与功能。对于《坤舆格致》，虽未见方以智引用相关内容，但他对该书评价很高："崇祯庚辰进《坤舆格致》一书，言采矿分五金事，工省而利多。"❹ 可知方以

❶ 方以智：《通雅》，上海古籍出版社，1988 年，第 438 页。
❷ 方以智：《通雅》，上海古籍出版社，1988 年，第 437 页。
❸ 方以智：《通雅》，上海古籍出版社，1988 年，第 1 页。
❹ 方以智：《物理小识》，商务印书馆，1937 年，第 3 页。

智对该书的内容是比较了解的，凭他对西方科学的兴趣与对自然的关注应该不会放弃其所见的任何一本。另对《崇祯历书》方以智亦应有所涉猎，一是因为其父方孔炤曾为便于学者了解《崇祯历书》而编了简要介绍的《崇祯历书约》；二是与汤若望交往过程中，他也应有机会阅读《崇祯历书》，因为《通雅》中的天文历法知识有多处来自该书。

此外，方以智还应读过《远西奇器图说》，《物理小识》卷八所记机械技术如"转水法""起重法"等内容应引自该书。还有穆尼阁的《天步真原》，《通雅》卷十一提及中西历之对比有云："天道十年一变，实无时不变也。今大统本于授时，授时本于大明，千二百余年于此矣，焉得无差。至于五星，则自张氏至今千余年人未问及，测步不合，委之失行，何以西历推其经纬更真于日月邪。法更立正弦余弦正切余切正割余割等线，始以三角对数法为测量新义，详见《天步真原》。"❶ 可知因督促其子中通向穆氏问学，方以智自己对西学新知亦详加研读。最后，侯外庐先生还指出，方以智《曼寓草》中的"两端之中"一文讲逻辑明理，是受了《名理探》的影响和《辩学三笔》的刺激，所以推测他读过该书。❷

综上所述，方以智能够接触到和研读过的西方科学书籍有近三十种，二百多卷，因此他所了解和掌握的西方科学知识是比较丰富的。

（三）受教于耶稣会士

方以智最早结识的耶稣会士是毕方济，在南京时他曾向毕方济请教过科学知识方面的问题，但毕方济"问历算、奇器不肯详言，问事天则喜。"❸ 因此，方以智接触西方科学虽早，但苦于无人指导，其中很多知识如几何学对于他来说是比较难把握的，即他谓"余读之，多所不解"❹。这一情况，在他到北京结识汤若望之后应有所改变，因为汤氏对教授其西学

❶ 方以智：《通雅》，上海古籍出版社，1988 年，第 449 页。
❷ 侯外庐：《中国思想史》第四卷（下），人民出版社，2011 年，第 512 页。
❸ 方以智：《滕寓信笔》，载方昌翰《桐城方氏七代遗书》，清康熙此藏轩刻本，第 26–a 页。
❹ 方以智：《滕寓信笔》，载方昌翰《桐城方氏七代遗书》，清康熙此藏轩刻本，第 26–a 页。

毫不吝啬,《物理小识》中即有汤若望亲自教授其科学知识的记录。如卷七"金石类·浓水":"其取卤水法,以琉璃窑烧一长管,以练砂取其气。道未公为余言之。"❶ 由此可知,二人经常在一起讨论科学问题,鉴于居南京时无人讨教的尴尬处境,想必在北京的四年中方以智定会经常找机会向汤若望请教科学问题,也因此,他早年读的西书在这一时期会有一个逐渐消化的过程,或者说他对西方科学的掌握会因汤若望的指导而得以突飞猛进。另,其子方中通的《与西洋汤道未先生论历法》一诗有云,"千年逢午会,百道尽文明。汉法推平子,唐僧重一行。有书何异域,好学总同情。因感先生意,中怀日夕倾。"❷ 该诗有附注言:"先生崇祯时已入中国,所刊历法,故名《崇祯历书》,与家君交最善。"❸ 此诗既可见方中通与汤若望的交情深厚,也可证方以智与汤若望确有过密切交往且讨教科学知识的经历,同时由其将汤氏比作中国历学史上的重量级人物张衡和一行,亦可知方氏父子对西士与西学的看重。

除汤若望之外,有可能向方以智直接或间接传授西学的耶稣会士是穆尼阁。受方以智督促,方中通曾于顺治十年前往南京向穆尼阁学习西方的天文与数学,并作有"喜遇薛仪甫同受西洋穆先生历算","参差看七政,不解古今疑。共道天难问,水云日可追。偶因同调至,得与异人期。我欲方平子,山中造浑仪。"❹ 而这一年春,方以智因清朝官吏逼迫出仕,而至南京高座寺看竹轩闭关。这里,我们有两个推断:一是,据方以智《浮山文集后编》和方中通《陪诗·卷一》所记,方以智在高座寺并未与世隔绝,与外界仍然有很多交流。由反映方以智闭关期间生活的诗录《浮山文集》卷四"建初集"之"山川虽隔世,天地让闲人",可知方以智的生活并非如一般闭关的禅师那样枯槁寂寞。此时他遣中通向穆尼阁问学,是否

---

❶ 方以智:《物理小识》,商务印书馆,1937 年,第 170 页。
❷ 方中通:《陪诗》卷二,载任道斌《方以智年谱》,安徽教育出版社,1982 年,第 212 页。
❸ 方中通:《陪诗》卷二,载任道斌《方以智年谱》,安徽教育出版社,1982 年,第 212 页。
❹ 方中通:《陪诗》卷二,载张永堂《明末方氏学派研究初编·附录》,台湾学生书局,1987 年,第 248 页。

意味着他与穆尼阁亦有交流。二是，方以智的《物理小识》《通雅》正文多次引穆尼阁之说，可知他非常看重穆尼阁及其《天步真原》，且认真研读过《天步真原》，那么他是否曾就相关问题与穆氏讨论亦未可知。即便他不曾得穆氏的亲授，但至少，他从方中通那里也会间接学到穆氏带来的新的天文历算知识。三是，由方氏父子与汤若望都有密切交流，且交情深厚，是否也可推测，方以智与方中通同在南京的这一年，也与穆尼阁有交流呢？因现在还未有方氏父子在这方面的一手材料，有关问题还待进一步考察。但方以智有关"地动地游说""三角对数法"得自穆氏应定无可疑。

二、西学科学对方以智实学思想形成的影响

方以智幼年时期就有机会接触与学习西方科学，因此受其影响应较同时代士人深些，反映在他的实学思想中就是他对知识尤其是形而下的实际知识的重视。可以说，西方科学为努力寻求拯救世风之实学的方以智提供了一个新型知识典范与改造儒学的新资源。

首先，西方科学以其确定、实用与新颖吸引了方以智。虽然他认为"彼之质测犹未备"，但他的态度却是欣赏与积极接纳的。在《物理小识》《通雅》中不乏对西方科学的溢美之词，如前述他对中西历发展的比较。而谈及利玛窦带来的西方地图时，毫不讳言其对中国地舆学的重要价值："至泰西入，始为合图，补开辟所未有。"❶ 因此，在《物理小识》《通雅》中，方以智大量征引了当时传入的许多领域的新知识，如天文历算方面的地圆说、地动说、天有九重说、黄赤道、岁差、日月食和大量的历法知识；地理方面的五大洲、五带说、地图；生理学方面的血液循环理论，心、肝、脑为"人身三贵"说，身体骨骼与肌肉的结构与分布等。这些知识不但丰富了方以智的知识储备，补充了知识结构，而且也间接影响了他对知识内涵、性质与地位的理解。因此，方以智讨论的实学在内涵上已经

---

❶ 方以智：《通雅》，上海古籍出版社，1988年，第1页。

不局限于一般儒者所讨论的伦理和政治，而是有所拓展和变化，即把以自然现象及一切具体事物为研究对象的学问作为与理学"明心见性"之虚学相对立的实学，"宇内之方言称谓、动植物性、律历古今之得失，必待学而后知…… 好玄溺深者语必讳学，即语学亦语偏上之学，直是畏难实学而踞好高之竿以自掩耳！"❶ 除此，西方科学重观测、重验证的实证方法对方以智的影响也非常大。一方面，他看到西方观测仪器的精良与重验证的传统，赞"太西质测颇精"；❷ 另一方面，他也看到了中西学在研究方法上的差异，认为其实测方法是可以借以改造传统科学与整个儒学的实学方法。再者，对西方科学知识与方法的接受也使方以智对儒家传统的"格物致知"论的理解发生了较大变化，并赋予其新的内涵。

因此，西方科学在知识、方法、观念层面对方以智都有较大影响，而方以智的实学思想也因吸收西方科学而有了不同于同辈学者的新特点——"重智"，即重视知识，重视客观认知活动，以知识与理智认知为智性。在此思想指导下，方以智在自然知识与技术以及考据学两个领域都做出了一些开创性的贡献。所以方以智实学思想的形成，一方面是批判阳明心学的超知识主义乃至反知识主义以及逃虚掠玄、不做实际研究之学风的产物；另一方面则是学习与研究西方科学的结果。虽然余英时先生说，明清之际儒家智识主义已渐得势，但其所谓的智识主义的核心内容恐怕还是局限于对儒家经典著作的研究，因为智识主义与反智识主义争论的焦点乃是义理之是非问题由何判断，其实质是求理于经典。而方以智的重智却倾向于关注一切实际事物的学问，不但超越德性论之藩篱，而且也不局限于儒家一向所重之经、史范围，这在明末清初实学思潮中是非常突出的。所以，方以智实学思想之形成，一方面有实学思潮发展的推动，另一方面由耶稣会士带来的西方科学则是十分重要的外部刺激因素。

---

❶ 方以智：《东西均》，庞朴注，中华书局，2001 年，第 179 页。
❷ 方以智：《通雅》，上海古籍出版社，1988 年，第 36 页。

方以智实学思想的内容、特征与影响

第一节　方以智实学思想的内容与特征

在批判理学末流空疏学风、探索为学就实的过程中，方以智形成了在其时代比较独特的实学思想，即以重知识、重读书求知，以知识为智慧的观念扭转王学超知识乃至"反知识"主义的观念，以实证方法研究实际事物的治学原则矫正王学"扫物尊心"之虚玄学风的"重知"与"重智"思想。

一、方以智实学思想的内容

对王学的反思与批判使方以智走上一条重视知识、重视读书求知与实证研究的重智之路，其实学思想蕴含地对知识内在价值的肯定在明季亦如"空谷足音"。❶ 所以韦政通先生才说，明末因反王学流弊而重视知识的转向中方以智"比同时期任何一个在传统思想基础上求发展的思想家都要更

---

❶ 余英时：《方以智晚节考》，三联书店，2004 年，第 55 页。

进一步。"❶

(一) 重知识尤重形而下的知识

以重视知识校正王学"超知识"与"反知识"主义是方以智实学思想的核心内容。由于王阳明主张"格物乃是格心",所以他本人虽未直接反对知识,但其思想却是超知识主义,其后学则走向"反知识"主义。方以智对王学末流鄙弃知识的危害有深刻认识,因此他首先强调经史知识的重要性,而在学习西方科学之后,他又把被理学视为"技艺末务"的自然知识与技术也看作重要学问,"宇内之方言称谓、动植、物性、律历、古今之得失"都是有益身心、国家的实学。❷

首先,方以智重视经史文献的考证知识并将其视为一个可以引导士人为学就实的重要知识领域。他认为掌握经典文献、博通古今是学界薪火相传的依据,因此以声音、文字等小学知识为基础的考证研究是古今学者的一项非常重要的工作:"函雅故,通古今,此鼓箧之必有事也。不安其艺,不能乐业;不通古今何以协艺相传,讵曰训诂小学可弁髦乎?理其理,事其事,时其时,开而辩名当物,未有离乎声音文字,而可举以正告者也。"❸ 尤为重要的是,方以智认识到,考证工作依赖于扎实的考证功夫,来不得半点虚假造做和主观臆断:"考证之门虽卑,非比性命可自悟也,常理可守经而已,也必博学积久,待征乃决。"❹ 虽然儒学走的是一条注经式发展之路,考证学是其基础性学科,但是汉儒的考证工作尚比较粗糙,而宋明理学家以讲论心性为主,经典文献的整理考据仅居次要地位。即便是重视经典考释的朱子在遇到文献真伪问题与义理相冲突时,也选择尊义理而放弃文献的辨伪。至于陆王一派,由于主张知之源头不在外而在内,所以欲穷理只需尽此心即可,因此,不但外物研究被忽略,经典研究也被

---

❶ 韦政通:《中国思想史》,上海书店出版社,2003年,第906页。
❷ 方以智:《东西均》,庞朴注,中华书局,2001年,第179页。
❸ 方以智:《通雅》,上海古籍出版社,1988年,第3页。
❹ 方以智:《通雅》,上海古籍出版社,1988年,第6页。

排斥了，最后落得"空穷其心、倏忽如幻"的境地。因此，方以智欲以实际的研究工作扭转其空寂寡实之虚浮学风，倡导以"坐集千古之智"的心态征考古今知识，博学而会通之，并以自己三十年的辛苦与努力树立起重视考据以及"言必有据""据有所处"的扎实学风。

其次，方以智也非常重视自然知识与实用技术，并同样把其视为可以矫正王学末流不着实务的"实学"。在方以智看来，自然知识就是必须经过实际考察和验证的实学，"物有其故，实考究之，大而元会，小而草木虫蠕，类其性情，征其好恶，推其常变，是曰质测"❶。这是他思索实学发展方向与路径的结果，也是受西方科学影响之故。明末清初，与西方科学有较多接触的儒家学者往往会不自觉地将其与儒学做比较，方以智也不例外。在系统阅读《天学初函》等书籍后，他发现西方的自然科学比较发达，"西学质测颇精"，但相比之下以伦理见长的儒学对自然事物的研究却相对欠缺，因此，在西学参照下，方以智以儒学的自然研究传统为基础，借鉴西方自然科学的内容与方法，提出了"质测"这一较能概括自然研究本质的新概念。值得注意的是，"质测之学"虽脱胎于儒学"格物致知"说，但方以智却未沿袭既有的"格致"之名，而是赋予其有别于旧学的新名称，同时对其研究对象、研究方法做了专门规定。这也是其实学思想中较为独特之处。除了以自然研究为专门学问，方以智也为一向被理学家所鄙薄的"技艺末务"给予深度辩护，"知道寓于艺者，艺外之无道，犹道外之无艺也"，"成能皆艺；而所以能者，道也"❷。这一表述强调形而上之"道"与形而下之"艺"相互依存、不分轩轾的关系，突破了理学主流"道本艺末"的观念。也因此，他批判那些"鞭扫日星理数之学"（自然知识）的理学家乃是溺于玄虚，畏惧实际学问，借玄谈以遮掩自己的鄙陋，要挽救儒学只能从重视这方面的实际学问做起。❸

---

❶　方以智：《物理小识》，商务印书馆，1937年，序。
❷　方以智：《东西均》，庞朴注，中华书局，2001年，第179页。
❸　方以智：《东西均》，庞朴注，中华书局，2001年，第179页。

（二）重读书求知的务实态度

以重读书求知的务实态度扭转王学"束书不观、游谈无根"的时风是方以智实学思想的另一表现。方氏在指陈理学末流束书不观、讳谈学问之弊症的同时，屡屡强调读书、问学的重要性，并力劝士人读书求知。他说："程正公谓读书为玩物丧志；慈湖因象山谓六经注我，而遂以文行忠信非圣人之书，则执一矣。象山甚言当求诸己耳，正公逼人笃信耳。夫乌知不能开眼者，独坐更丧志乎？此为救病言之也。执此而禁人诗书，则六经必贱而不尊。六经既不尊，则师心无忌惮者群起矣。"● 这是说，心学一派皆以悟道为事，蔑弃图书，弁免礼乐，其最大危害是导致士人不尊崇六经，自以为是。而他认为读书对于士人来说就像刀、耜等工具对于工匠和农夫那么重要，士人求知、悟道全凭借于此，"士以读书明理为业，犹农工之刀耜也，志道游艺，外内一致，张弛鼓舞，全以此养之而化之"●。因此，方以智不但强调圣人以礼乐、典章制度等文化知识教育人，"圣教小学大学、小成大成，总以文行"❸，还指出六经各自的内容、性质及其对读书人的重要意义："《易》则天人、性命之消息也，《春秋》则公是非之权也。雅言唯诗书艺礼：《书》诚之而必《诗》兴之，《礼》拘之而必《乐》乐之，圣人诱人之游心以存存也。读明允之《诗论》，盖苦心哉！"❹ 但是，自王学顿悟学说兴起之后，儒学读书之传统便被抛弃了，所以方以智希望倡导读书好学之风气补救王学之凭空守悟的毛病："自立地之法盛行，可以今日入此门，明日便鞭笞百家，而自掩其畏难失学之病，故往往假托于此。而理学家先挥文章、事业二者于门外，天下聪明智能多半尽此二者，不畜之而驱之，此白椎所以日轰轰，而杏坛所以日灰冷也。愚故欲以横竖包罗、逼激机用，补理学之拘胶，而又欲以孔子之雅言、好学，救守悟之

● 方以智：《东西均》，庞朴注，中华书局，2001 年，第 185 页。
❷ 方以智：《通雅》，上海古籍出版社，1988 年，第 31 页。
❸ 方以智：《青原志略》，华夏出版社，2012 年，第 78 页。
❹ 方以智：《青原志略》，华夏出版社，2012 年，第 78 页。

鬼话；则错行环轮，庶可一观其全矣。"❶ 而且他坚信如果四民以士为重，文行忠信之教以研究文献典籍为首，虚浮风气必会得以扭转，"四民首士，四教首文，天下风气必随诵读之士所转"❷。

之所以如此重视读书求知是因为方以智把前人留下的典籍看作古今知识的载体，而把承续前人的知识视为一种智力上的享受："古今以智相积……生今之世，承诸圣之表章，经群英之辩难，我得以坐集千古之智，折中其间，岂不幸乎？"❸ "大成贵集，述妙于删，千古之智唯善读书者享之，幸勿蹉过。"❹ 也因此，方以智为文献考证付出自己半生心血，"道人生平手不释卷，搦管处指为之茧。要其三十年心血，尽在此一书也。(《通雅》)"❺ 对王学空疏废学的批判不自方以智始，但在由此而转向的以读书求知之路上，比之同时代人，方以智走得最远，因为，前述对知识的重视已明显超越儒家伦理中心主义的传统。

（三）重视研究的实证方法

以实证方法矫正理学尚空谈、重直觉而不重考证验证的弊病是方以智在方法论层面的独到之处。明末王学末流追求参悟内省，不做实际学问，而理学亦未有重实证研究的传统，因而在方法上亦极为空疏无着："核实难，逃虚易，洸洋之流实不能知其故，故吹影镂空以为恢奇，其言象数者类流小术，支离附会，未核其真，又宜其生厌也"❻，"旧说金、水在日天上、日天下，皆无确据。若以相掩证之，则大光中无复可见，论其行度，三曜运旋，终古若一，两术皆穷，因知皆臆说也"❼。其实不仅王学如此，理学乃至儒学对事物的研究在方法上也都偏重于直觉体验，比类、取象、

---

❶ 方以智：《东西均》，庞朴注，中华书局，2001 年，第 185 页。
❷ 方以智：《东西均》，庞朴注，中华书局，2001 年，第 172 页。
❸ 方以智：《通雅》，上海古籍出版社，1988 年，第 2 页。
❹ 方以智：《通雅》，上海古籍出版社，1988 年，第 41 页。
❺ 方以智：《通雅》，上海古籍出版社，1988 年，第 2 页。
❻ 方以智：《物理小识》，商务印书馆，1937 年，第 1 页。
❼ 方以智：《物理小识》，商务印书馆，1937 年，第 20 页。

外推等方法亦皆赖于直观。历代学者多擅长以直觉去体验，习惯于以自然事物类比人的行为，或以人的行为和感受外推至自然现象来达到对自然的理解。同时，这样的思维方法与习惯还使得儒者在经学领域也未确立起重证据、重验证的方法论原则。"汉儒解经，多类臆说。"❶ 所以，方以智倡导面向经史、面向自然做实证研究以矫正这一缺陷。

可以说，对儒学的反思和西方科学的刺激共同促成了方以智对实证方法的自觉。因为他似乎认为，只有经过实际观察和验证、有确凿证据的知识才真实、可靠，也因此，他把实证性的研究方法看作扭转空疏学风的最佳手段。在研究自然事物方面，他提出了"质测"方法。"物有其故，实考究之，大而元会，小而草木虫蠓，类其性情，征其好恶，推其常变，是曰质测。"❷ 这是说，对具体事物之性质与规律的研究要以实测实考的"质测"之法。就方法论来讲，方以智的贡献在于，从哲学角度把实际考察作为认识事物的基本方法，这是中国传统科学发展史上也是哲学史上的第一次。此外，强调"质测"是把握"通几"的基础，实际是把实证方法提到了探究至理的方法论基础的地位，这也是与此前理学家仅凭内省和参悟把握最高原理的方法有本质区别。难怪萧萐父先生把方以智的"质测"与"通几"论视为为近代哲学铸造新工具的事业。❸ 蒋国保教授也认为其与近代科学的"归纳"与"演绎"方法颇有相似之处。❹ 关增建教授则认为，"质测""通几"的提出在中国科学史上具有重大意义，是国人"认识到科学是一种独立的学术活动，它有自己的研究方法，这种方法就是实证。这些认识的阐发，为实现中国古代科学脱离自然哲学形态，向近代实验科学转化迈出的必不可少的第一步"❺。

方以智的实证原则贯彻于考证学领域就是"言必有据""据有所出"

❶　方以智：《通雅》，上海古籍出版社，1988 年，第 3 页。
❷　方以智：《物理小识》，商务印书馆，1937 年，自序，第 1 页。
❸　萧萐父：《吹沙集》，巴蜀书社，1991 年，第 22 页。
❹　蒋国保：《方以智与明清哲学》，黄山书社，2009 年，第 135 - 149 页。
❺　关增建：《方以智"通几"与"质测"管窥》，《郑州大学学报》，1995 年第 1 期。

的方法。首先，考证学主于辨证名物，考古决今，因此证据最重要，"考究之门虽卑，然非比性命可自悟。常理可守经而已，必博学积久，待征乃决"❶。再者，每驳定一个说法，也必有可靠依据，即"智每驳定前人，必不敢以无证妄说"❷。与此同时，方以智还强调典籍文辞相互证明对严密考证的补充作用，即互证方法，这也是方以智在《通雅》中大量运用的考证方法。除此，方以智还指出实地考察对于草木鸟兽等名物考证的重要性。对方以智严谨的考证态度与严格的考证方法，四库馆臣给予了高度评价："明中叶以后，以博洽著者称杨慎，而陈耀文起而与争，然慎好伪说以售欺，耀文好蔓引以求胜，次则焦竑亦喜考证，而习与李贽游动，辄牵缀佛书，伤于芜杂。唯以智崛起崇祯中，考据精核，迥出其上，风气既开，国初顾炎武阎若璩朱彝尊等沿波而起，始一扫悬揣之空谈，虽其中千虑一失或所不免，而穷源遡委，词必有征，在明代考证家中可谓卓然独立者矣。"❸ 梁启超先生也肯定了方以智的考证方法在清学中的重要地位："要之，密之学风，确与明季之空疏武断相反，而为清代考证学开其先河，则无可疑。"❹

二、方以智实学思想的特征："重知"与"重智"

总结方以智重视知识、重视读书求知、强调实证方法的实学思想，可以发现其实质就是对知识与智性的推崇，其特征亦可概括为"重知"与"重智"，引申来讲，就是知识即智慧，学而知之，"智统一切"。

（一）知识即智慧："知见何曾非般若"

方以智之所以以重视知识矫正王学对知识的忽略乃至贬损，是因为他

---

❶ 方以智：《通雅》，上海古籍出版社，1988 年，第 6 页。
❷ 方以智：《通雅》，上海古籍出版社，1988 年，第 6 页。
❸ 纪昀等：《文渊阁四库全书》，载《通雅提要》，台湾"商务印书馆"，1982 年，第 857 页。
❹ 梁启超：《中国近三百年学术史》，东方出版社，1996 年，第 170 页。

认为知识就是智慧。知识是开启众人智慧的关键，一切知识学问都蕴含形而上的道理，真正有悟性之人都是以学问涵养心性的。方氏早年从事博物学著述和学习西方科学的经历使其对知识学问与智慧的关系形成自己独到的见解。在方以智眼里，知识不仅与智慧无绝对界限，而且还是通达智慧的必要途径，"读书知见助阿赖识"❶。无论修习心性，还是体悟最高的"真如"之智，都有赖于音韵、博物、天文历律等外在的客观知识，"真智、内智，必用外智"❷。对此，我们通过他对知识学问之地位、作用、态度的论述可有更深入的了解。

方以智以佛教"开眼之盐酱"即开启智慧之眼的关键比喻学问的地位与作用，认为学问家登堂入室，摒弃俗见，获得真知皆仰赖于博学多识："及乎寥豁反掌，任用家珍，学问乃古今之盐酱也。"❸为论证学问的重要性，方以智以被理学家指斥为只谈心性、不论学问的佛教为例，指出佛教本身非常重视各类知识的习得。"印度之教，自小学十二章而外五明、内五明，皆有离佉诵习，文殊文字。《华严》善知众艺，入般若门，地上无所不知能，而正等入妙。"❹佛教弟子亦要从小学开始，依次渐进，由精通各类知识而达至最高智慧。儒家先贤更有重视学问知识的传统，这一传统自上古伏羲仰观俯察、制器尚象至孔子从未中断。《论语》以"学"开始，以"三知"结束正是孔子重视学问知识的证明。❺而彼时王学好玄溺深，"语必讳学，即语学亦语偏上之学"，其师心之祸对于儒学的危害远甚于理学溺于词章的危害，因为对于方以智来说，人生乃至宇宙间最高智慧必从学问知识中体悟，"真真不可得见，以知见见"❻。

"一切学问皆有大道"。知识可开启智慧乃是因为一切学问皆有大道。这里需要说明的是，方以智所谓"学问"既包括形而上的学问，也包括形

---

❶ 方以智：《东西均》，庞朴注，中华书局，2001年，第180页。
❷ 方以智：《东西均》，庞朴注，中华书局，2001年，第179页。
❸ 方以智：《东西均》，庞朴注，中华书局，2001年，第175页。
❹ 方以智：《东西均》，庞朴注，中华书局，2001年，第175页。
❺ 方以智：《一贯问答》，载《儒林》第二辑，山东大学出版社，2005年，第306页。
❻ 方以智：《东西均》，庞朴注，中华书局，2001年，第71页。

而下的实际知识。

首先，方以智认为对自然事物之"物理"的研究是通向天地万物之普遍"至理"必要途径，"质测即藏通几者也"❶。方氏与前辈乃至同辈儒者所不同的是其早年已表现出对自然事物的兴趣。他九岁在福建遇熊明遇就非常喜欢听其讨论西学。在《物理小识》中他毫不讳言对物理的热衷，声称"自小而好此"❷。他对质测之学与通几之学的关系有深刻认识，以为"质测"是"通几"的基础："考测天地之家，象数、历律、声音、医药之说，皆质之通也，皆物理也。"❸中年之后其哲学著述虽强调以"通几护质测之穷"，但仍旧认为弃"质测"而专言"通几"则"至理"探究无根基。"通之而用，则依然可者，当者之质耳。不先质言，安有至言？既知至言，但随质言"。❹ 方氏晚年仍与弟子讨论天文历法，赞惠施"核物究理"，可见其早年观点并未改变，对自然知识的兴趣亦未丧失。❺ "道寓于艺，艺外无道"是方以智对形而上的"道"与形而下的"艺"之关系的阐释。❻ "道与艺"乃"火与薪"的关系："天载于地，火丽于薪，以物观物，即以道观道也。火固烈于薪，欲绝物以存心，尤绝薪而举火也。"❼ "道"即存在于一切学问技艺之中，"道"是本体，但其实现有赖于"艺"。因此，学者求学的实践顺序则应是求"道"必从习艺入手，经验性的客观知识是获得超验的"道"的必要条件。❽ 此所谓"格通后天之物，正享其先天之神"❾。

"真大悟人以学问为养"。既然知识学问为获得最高原理之不可或缺，

❶ 方以智：《物理小识》，商务印书馆，1937 年，自序。
❷ 方以智：《物理小识》，商务印书馆，1937 年，第 3 页。
❸ 方以智：《通雅》，上海古籍出版社，1988 年，第 65 页。
❹ 方以智：《易余》，上海古籍出版社，2018，第 202 页。
❺ 方以智：《药地炮庄》，华夏出版社，2011 年，第 469 页。
❻ 方以智时代，有很多学者已在不同层面提出此论题，但对形而下的学问如此重视的学者则凤毛麟角。
❼ 方以智：《东西均》，庞朴注，中华书局，2001 年，第 172 页。
❽ 方以智：《药地炮庄》，华夏出版社，2011 年，第 120 页。
❾ 方以智：《青原志略》，华夏出版社，2012 年，第 87 页。

那么学者对知识学问的态度就应该是"以学为养"。方以智强调知识学问与心性修习相辅相成，并行不悖，"读书安分，是真修行"，之所以如此，是因为"天在地中，性在学问中"，若仅依赖于静修参悟德性修养也会因失去知识滋养而没有生机，甚至会导致邪见，"寡天无地，则死天地"，"学道人守住净妙境界，即是恶知恶见"❶。此论虽似仍以心性修养为目的，但学问知识确有了不可或缺的基础性地位。因此，他告诫弟子二者必须同时修习，不可偏废其一，"拈提与考究，原自两路。制欲消心之言，与备物致用之学，亦是两端，偏废则皆病矣"❷。也因此，他认为"真大悟人以学问为事"，"以学问为保任也可，以学问为茶饭也可"❸。

由上述可知，方以智对知识学问的理解不但与儒家伦理中心主义的知识传统有大不同，而且也不同于佛家不拘事物表象而洞察事物本质的般若智慧和老庄超越经验知识所达到的"真知"之精神层面的智慧境界。其所谓的学问包括了形上与形下两方面的知识，这样的学问知识本身就是智慧，同时也是通达最高智慧的途径。因此，方以智的"智"更接近康德所谓基于理智的或知识上的智慧。❹

（二）学而智之

从知识形态的角度看，知识学问即智慧。从获知过程的角度看，认知活动则是一种通达智慧的活动，这种因问学求知而得智慧的活动是扭转王学空疏学风的最好途径。

因学而智是方以智从词源学角度研究"智"所得的结论。"智"是古代典籍常用字，其基本含义为聪明智慧，在儒家经典中主要指认识人、懂得人的实践智慧。《论语》之"樊迟问知（智）"语录是对其最经典的诠

---

❶ 方以智：《东西均》，庞朴注，中华书局，2001 年，第 187 页。
❷ 方以智：《青原志略》，华夏出版社，2012 年，第 87 页。
❸ 方以智：《东西均》，庞朴注，中华书局，2001 年，第 182 页。
❹ 康德：《康德三大批判合集》上，邓晓芒译，杨祖陶校，人民出版社，2009 年，第 BXII、XXVII、61、68 等页。

释。"（樊迟）问知（智）。子曰：知人。樊迟未达。子曰：举直错诸枉，能使枉者直。"❶ 此处孔子所言"智"主要是认识和了解人，能够客观地评价人、鉴别人。孔子言"知（智）者不惑"也是"知人"的智慧。孟子所谓"是非之心，智之端也"❷，是以辨别道德意义上的是非对错为智的开始。他对"智"的解释非常清楚："仁之实，事亲是也；义之实，从兄是也；智之实，知斯二者弗去是也。"❸ 可见先圣所言"智"都属于道德实践的智慧，而方以智对"智"的理解与诠释则偏重于理智认知的智慧。

在《东西均》"译诸名"中，方以智以"知"释"智"，强调其认知层面的内涵："知之为'智'，古从口从矢，加于焉（于即吁），加自焉，气出而自呼之也。"❹ 此处对"智"的解释虽承袭许慎从古人造字渊源探寻字义的方法，但对"智"的解释明显偏重理智认知，因为在对"知"的进一步诠释中方以智主要强调了其认知的含义。首先，他把"知"视为一种具有认知功能的心的活动。"人有心而有知：意起矣，识藏矣，传送而分别矣。本一而岐（歧）出，其出百变，概谓之知。"❺ 人有了心才能产生对事物的各种各样的认识，虽然这些认识有正确的有错误的，有完整的也有有偏差的。然后，他思考了心的认知活动的产生机制。"心虚而神明栖之，故灵，名其灵曰知。"❻ 此处言"心虚"容易使人想到荀子的"虚一而静"，但其实有所不同，因为前者讨论的是认识机制，后者讨论的是认识所需的心态。方以智认为天地间"生生之几皆气也"，所以人心受之于天地，应为虚。因虚而应物，而产生人的意识活动，这种意识活动就是"知"。心之所以能够思考，即是对其"知"的功能的使用，"心之官则'思'，用其知也"❼。方以智对"知"的生理机制的兴趣还表现在他对与

---

❶　朱熹：《四书章句集注·论语·颜渊》，上海古籍出版社，2006 年，第 180 页。
❷　朱熹：《四书章句集注·论语·颜渊》，上海古籍出版社，2006 年，第 221 页。
❸　朱熹：《四书章句集注·论语·颜渊》，上海古籍出版社，2006 年，第 268 页。
❹　方以智：《东西均》，庞朴注，中华书局，2001 年，第 164 页。
❺　方以智：《东西均》，庞朴注，中华书局，2001 年，第 71 页。
❻　方以智：《东西均》，庞朴注，中华书局，2001 年，第 163 页。
❼　方以智：《东西均》，庞朴注，中华书局，2001 年，第 163 页。

之相关的名词也给予了说明："思恩主风，脑为风府，恩从囟门。'想'则从相生矣。帅气而之焉曰'志'，其起曰'意'——物起于暗噫，而音其心也；其藏曰'识'——戈悬音而帜志之，转假而言其相识之也。"❶"思""想""意""识"，看似只是对诸名词的解释，实际却是方以智对人的认知活动之生理机制的理解。❷ 值得注意的是，方以智不仅肯定"知"为"心"的主要活动，还进一步以"知"来规定"心"的本体，即以认知活动为"心"的根本，"心是名，以知为体"，"强诠之曰：心以无知之知为体。曰'无知'者，祛妄觉也；曰'无知之知'者，祛廓断也"❸。前者是引用永明大师的说法，后者是他自己的解释，'无知之知'是指去除了不正确不完整的"知"和摒弃了无知无识的"知"，因而"心以无知之知为体"与"以知为体"含义一致。当然，永明大师所说的"知"是佛家所谓般若知，是认识终极实在的最高智慧，其关注点不在于经验性的客观知识，但方以智引其说却在于考察知识产生的机制问题。❹

"好学近乎智"。"知之为'智'"，如何才能达此"智"，方以智引用了《中庸》的观点——"好学近乎智"，但做了自己的诠释。一是从对"学"字的训诂中强调获知的意义；二是将"学"视为人的本性，将儒家的"生知"解释为"生而知好学"的先天能力。

首先，方以智对"学"的解释有新义。《通雅》使用了传统形训与声训的方法："学字本于孝，声生于觉，孝觉始于爻交，而爻则二乂也……古孝字便通为学，以人子而交古今，孝天地也。"❺ 其后《东西均》"译诸名"又有补充，"'学'，古作孝，从爻。爻从二乂。乂者五也，天地之交也。"《一贯问答》又对"天地之交"做了进一步的解释："天与地交，人

---

❶　方以智：《东西均》，庞朴注，中华书局，2001 年，第 164 页。
❷　限于方以智的知识背景，他对认识机制的解释还未达到生理学层面的研究。另蒋国保教授在其《方以智的哲学思想研究》中述及方以智《东西均》对认识活动的理解。但笔者讨论和诠释的角度不同，且补充了方以智《通雅》《一贯问答》的相关论述。
❸　方以智·《东西均》，庞朴注，中华书局，2001 年，第 72 页。
❹　邓克铭：《方以智的知与无知》，《鹅湖学志》，第 52 期，2014 年 6 月。
❺　方以智：《东西均》，庞朴注，中华书局，2001 年，第 72 页。

与天交，天生人是顺，人学天是逆。交则为爻，爻即是学。"❶ 也就是说，天地相交、天人相交而后有学，学是人知天的手段和途径。对比许慎之训诂"斅：觉悟也。从教从冂。冂，尚蒙也。臼声"❷，可知方以智与许氏的不同在于他对"学"的理解多了一层向外求知的意涵，"可信学也者，觉悟交通、诵读躬效、而兼言之者也"，"'学'也者，爻也、孝也、效也、教也、觉也，一以交万，人以交天，而自觉、觉人之几也；兼参悟、诵读、躬行、合外内、本末，无所不具者也"❸。由上述可知，方以智认为"学"不应仅有"觉悟"义，而是"有效义，有觉义"，即学不仅包括内省参悟，还应包括读书、应物等外向格物。确立"学"向外求知的意涵是方以智对儒家认识理论的又一贡献。

"学"，即人获知的途径，不仅包括内向觉悟，也包括读书、应物，知天地万物之理则，因此可将之视为人与万物的本质区别，"质论人之独性，原是无所不学则无所不能之性"❹。如果说强调外向格物不过是恢复程朱学派的路线，而以学习能力为人的独特本质则是方以智不同于传统儒家的新解读。儒家一向以善恶论人性，方以智此番解读已然有超越传统伦理中心主义的可能。再者，既然"学"是人的本性，那么"生而知之"就需要重新界定。对此方以智有他独到的解释：一是，先儒所谓"生知"，即"生而知之"，并非先天即知，而是后天学之："圣人生知者，生而知好学也，合俯仰远近而会通象宜"❺，"人之生也，自赤子不能求其母，自是而进，皆学焉而后能之，无所不学则无所不能。此无所不学则无所不能者，即'不虑而知，不学而能'者也"❻。因此语言训诂、名物考证、自然事物及其属性，天文历法以及历史都需后天的学习，"寓（宇）内之方言称谓、

---

❶ 方以智：《一贯问答》，载《儒林》第二辑，山东大学出版社，2005年，第294页。
❷ 许慎，《说文解字》，浙江古籍出版社，2012年，第2063页。
❸ 方以智：《通雅》，上海古籍出版社，1988年，第80页。
❹ 方以智：《东西均》，庞朴注，中华书局，2001年，第180页。
❺ 方以智：《青原志略》，华夏出版社，2012年，第77页。
❻ 方以智：《东西均》，庞朴注，中华书局，2001年，第167页。

动植、物性、律历、古今之得失，必待学而后知"❶，认为圣人"生知"乃"生而知好学"实际是否定"生而知之"，其结果就是凸显"学"的重要性。也就是说，人虽无所不学而无所不能，但此能力之实现必须借以后天的学习才能达到，"不好学，终不能知"❷。因此，"生知"的另一解释"不虑而知，不学而能"也并非指人可以"不虑""不学"就能获知，而是虑而后得，学而后能。"虑也者，所以复其不虑而知也"，"虑而能后得，所以享其不虑之知也。学而不厌，所以享其不学而能也"❸。也因此，方以智不仅引《中庸》"好学近乎智"为自己的主张，更是引孔子倡导"好学"为自己的主张张本，"孔子只说学字，而不以悟道挂招牌"❹。

由上可知，方以智以"知之"解释"智"，将认知活动视为获得智慧的方式与途径，也是引导人为学就实的途径。虽然《一贯问答》"问格致"篇中方以智又补充以"意"与"知"共为心之本体，说明他并未将"知"的活动作为一种纯粹理智活动从而与情感、意志等其他意识活动区分开，但这并不影响他思考认知活动本身的重要意义，毕竟自墨子、荀子之后中国历代学人讨论理智认知问题的实属凤毛麟角。尤为可贵的是，方以智对"知"的机制的思考在某些层面上已处于认识论近代转向的边缘。如他对主体"知"之能力与"知"之对象关系的思考颇有类似于康德之处。"理以心知，知与理来，因物则而后交格以显。"❺ "心以意、知为体，意、知以物为用。"❻ 前者对于超越现象界之普遍理则的获得与康德所说"吾人一切知识，始自感官，进达悟性，而终于理性"较为接近，只是未如康德把感性、知性与理性区分得那么明确。后者论心物关系则与康德的自我意识与对外在事物的意识是结合在一起的观点类似。❼ 因此，尽管方以智对认

---

❶ 方以智：《东西均》，庞朴注，中华书局，2001年，第179页。

❷ 方以智：《青原志略》，华夏出版社，2012年，第85页。

❸ 方以智：《药地炮庄》，华夏出版社，2011年，第64页。

❹ 方以智：《一贯问答》，载《儒林》第二辑，山东大学出版社，2005年，第294页。

❺ 方以智：《物理小识》，商务印书馆，1937年，第3页。

❻ 方以智：《一贯问答》，载《儒林》第一辑，山东大学出版社，2005年，第271页。

❼ 康德：《康德三大批判合集》上，邓晓芒译，杨祖陶校，人民出版社，2009年，第24页。

知活动的论述还非常粗糙，实不能与康德之严谨细密且深入的论证相较，但以"知之"释"智"，仍是对儒家伦理中心主义认识论的突破。

（三）"智统一切"

对知识学问与认知活动的考察使方以智认识到智性活动与德性修养的不同，由此他又考察了智性活动与德性修养的关系，强调智性在"三达德""五常德"中的重要地位，因而重视人的智性活动，使德性践履有扎实根基和学问滋养也是其实学思想的重要特征。

"智"与"仁"异彩纷呈。儒家一向以"仁"为核心，因此在其传统的仁智关系中虽强调仁智统一，但其排序乃是"智"统于"仁"，而方以智在其后期著述中却对"智"的地位有了不一样的见解。"知（智）之所到，则性命交关总贯此处；精神所聚，则天地古今总归此眼。圆满周遍，觌体灵明……总是一心，不必自解其非二也。故分言智动、仁静，智及、仁守，智利、仁安；似乎璎珞纷纶，只是圆光一颗。"❶ 总的来看，这似乎是儒家仁智统一的传统观点：一是讲"智"与"仁"作为智慧与德性各有不同的作用；二是讲二者皆由心所发，因此看似异彩纷呈，却又十分圆融。但此段首句对"知"与"仁"之作用的表述却是有差别的，是把"知（智）"放到了"性命交关"的位置，"仁"则是贯穿天地古今的精神气质。也就是说，在方以智看来，相对于一向作为儒家最高价值的"仁"来讲，"智"在人的认识活动与德性操守方面更具关键性作用。不过此处所论还比较隐晦，对"仁""智"的作用还是相对而言，并未直接表明"智"的地位。但至此，仁智统一，"仁统一切"的儒家伦理中心主义的观念已经动摇。

"智统仁、勇"。除了对仁与智的关系，方以智对儒家的"三达德"也有自己的见解，并以佛家三谛说阐释三者关系，明确提出"智统仁、勇"，"三德首'知'"的观点。"智、仁、勇即是三谛……知统一切，仁入一

---

❶ 方以智：《一贯问答》，载《儒林》第一辑，山东大学出版社，2005 年，第 275 页。

切，勇断一切。因孔子言三近，而愚以三谛近之。大约贯、泯、随即理、行、教。统则自贯，入则能随，断则能泯。"❶ 这里方以智认为，智、仁、勇就是佛家所说的三种真理"中谛""俗谛"和"真谛"。"知"作为"中谛"能够统领万有且贯通"俗谛"和"真谛"对万有的认识，"仁"作为"俗谛"在万有之中且能够顺应万有，"勇"作为"真谛"能够使人果敢决断、不拘于事物的现象与外在形式而认识其内在的本质的统一。其中能够统领万有且能消弭事物之差别贯通对事物认识的"知"，在三谛中地位最高，"中谛统真、俗二谛"❷。即"智"统"仁""勇"。由此，方以智凭借三谛之喻阐明智、仁、勇三种德性在认识过程中的作用与地位，明确提出"知"（智）的统摄地位，颇有些惊世骇俗的意味。所以蒋国保教授认为方以智对"知"（智）的推崇"超越了儒家的传统取向，"是儒家哲学精神的新蕲向。❸

"乾知大始，知（智）为道源"。方以智在智、仁、勇之关系中突出了"智"的统领地位，而在对传统的"五常德"与五行、五方相配格局的改进中其对"智"的推崇又加深了。儒家以"仁、义、礼、智、信"配五行"金、木、水、火、土"、五方"东、西、南、北、中"。方以智认为："中土为五，土当属信，北方为水，水旧属智，乃者文王开头系曰：'乾、元、亨、利、贞'。"但方氏由此转出自己的新排序，"此以贞信居冬，而换智为乾以统四德，岂无说乎？"❹。旧的排序格局中，"信"居于中心地位，而此处方以智将"中信"与"北智"对调，把"智"放在了统领"仁、义、礼、信"四德的核心地位。不仅如此，对于五行与五常的循环

---

❶　方以智：《一贯问答》，载《儒林》第一辑，山东大学出版社，2005 年，第 276 页。

❷　方以智：《东西均》，庞朴注，中华书局，2001 年，第 167 页。

❸　此前蒋国保教授之《方以智与明清哲学》已论及方以智对"仁智"关系的观点，但尚未述及方以智对"五常德"之"智为道源"与"'十度'总归于智"等思想，因为方以智不仅通过对仁智、"三德""五常德"关系的重新诠释确立了"知（智）"的统领地位，还通过对佛教思想的阐释使"智"最终处于修行过程的终极归属地位，以示对"知"（智）之地位的思考的完善。因此笔者在此将方以智在《一贯问答》中对"智"之地位的多方面论述同时辅以《东西均》的相关阐释给以全面的梳理和分析。

❹　方以智：《一贯问答》，载《儒林》第一辑，山东大学出版社，2005 年，第 276 页。

关系方以智也做了新阐释："乾知大始，知（智）为道源。乾是健行，明知行合一也。易信于智位，示明诚合一也。一生水而始，五生土而终。乾始而贞终，即知（智）始而信终。故曰'大明终始'，故曰'下袭水土'。"❶"乾知大始"源自《易经》"系辞上"，原意为乾的作用体现于（万物）的太初创始。而此处方以智将其解释为"知（智）为道源"，即"乾知（智）"在整个五常与五行、五方相配格局与循环流行中居于源头地位，智性的地位不仅加强，而且其论证也更深入了。

"十度"总归于"知（智）"。方以智不仅通过对"仁、智"以及"三达德""五常德"关系的重新诠释确立了"知（智）"的统领作用与源头地位，还通过对佛教思想的阐释使"智"最终处于修行过程的终极归属地位，以示对"知"（智）之地位的思考的总结。他对佛家"施、戒、忍、进、定、慧、方便、愿、力、智"的"十度"修行方法做了如下解释："愚开耻、愿、力、巧，与六为十，十不出六，六即五，五即四，四即三，三即二，曰仁、义，总归于知，知即心也。"❷就是说，这十种修行方法总不出"仁、义、礼、智、信、勇"，而"仁、义、礼、智、信、勇"又可归于"礼、智"，最终则"总归于知，知即心也"。通过上下文可知，此处"心"并不等同于儒家与万物相互感通的"心"，也非佛家含括宇宙一切事物本质的"心"。❸方以智此处历数修行方法和修行进阶过程，并将整个过程归结为"知"，可知其所谓"心"主要强调的是认知"心"，即人的能动认识能力，人的智识。也就是说对所有德性认知与实践的自觉都源于认识，先知后行；与此同时，行又加强了知，因而"归于'知'"，即对所有德性认知与实践又终归要上升至理性认识与思想。

由上可知，方以智从"仁智本合一"的传统观点开始，肯定了"智"在"三达德"中的统领作用与"五常德"中的源头地位，同时将"知"

---

❶ 方以智：《一贯问答》，载《儒林》第一辑，山东大学出版社，2005年，第276页。
❷ 方以智：《一贯问答》，载《儒林》第一辑，山东大学出版社，2005年，第277页。
❸ 佛教术语，心王指人的认识活动。

作为"十度"修行的归属。对"智性"的推崇是为了使士人知晓德性修炼不能仅凭空洞觉悟，而必须有学问滋养，未有知识做源头活水，心性修习必将堕入枯禅，"寡天无地，亦是死天地"。❶

第二节 方以智实学思想的实践成果、影响与地位

方以智以重读书求知的观念扭转王学超知识的观念，以实证方法研究实际事物矫正王学"舍物言理""扫物尊心"不着实际之学风的重智思想，不但使其走向了经史考证和经验科学的知识之路，还使其成为明末清初重经史和重自然研究的两个实学支脉中有着突出成就的思想家，同时也使其成为影响明末清初学术方向和学术风气的关键人物之一。

一、方以智实学思想的实践成果

（一）质测之学

《物理小识》是方以智实践质测之学的主要著作，此外，《通雅》的天文、地舆、身体、算数、动物、植物卷也都包含丰富的自然知识。

1.《物理小识》及其成就

方以智自称自幼喜好物理，早年既有机会接触西方科学，同时其家师王宣对质测之学亦比较感兴趣，并著有《物理所》，上述因素对他的物理研究都具有启发作用。崇祯四年，在王宣《物理所》付梓后，年仅二十岁的方以智便留心物理，不久《物理小识》初稿遂成，后其子方中通有记："王虚舟先生作物理所，崇祯辛未老父梓之，自此，每有所闻，分条别

---

❶ 方以智：《东西均》，庞朴注，中华书局，2001年，第167页。

记。"❶ 在该书序言中，方以智指出自然界中大至天体运行，小至草木虫鱼都是应予以考察的对象，这与理学家"唯守宰理"的传统是大不相同的，也正是在这一理念的指导下，《物理小识》汇集了古今中外许多方面的自然知识，包括天文历法以及日常所见的自然现象、身体结构、医理药理、日用饮食、金石器用、草木鸟兽，还包括少量的鬼神方术与奇闻逸事等。虽然该书是笔记体的，且其对自然知识的分类亦仍未突破传统类书的分类模式，但其中的内容不仅包括了方以智所能涉猎的古今自然知识，还吸收了一部分当时传入的西方科学知识，此外还有方以智自己的一些独到见解，因此，该书在当时具有较高的科学价值，在今天亦是宝贵的科技史料。

2.《通雅》中的自然知识及成就

《通雅》则以类书的形式辑录考证了音韵、语言、天文、地舆、身体、官制、事制、礼乐、算数、植物、动物、金石、脉考等知识。此书内容涉及范围很广，因此，虽然形式类似于词语的考证与解诂，但实际更像一本包括自然、人事、制度等多方面知识的百科全书，其中自然科学知识所占比重高达60%。方以智自己也解释说："此书本非类书。何类也？强记甚难，随手笔之，以俟后证，久渐以杂，杂不如类矣。"❷ 姚文燮也认为该书"旁搜杂集，间出己言，佐以辩论，诚博物之要典也"❸。

《通雅》中关于自然科学的卷帙有天文、地舆、算数、植物、动物、脉考，金石、器用卷帙中亦有与自然知识有关的内容等。方以智不但对经史文献以及传统博物学中的相关自然知识做了详细考证，还引入了许多西方科学知识，并对中西科学知识做了比较。值得注意的是，该书有多处以西方科学知识为据考证传统自然知识，如"天汉说""星土分野说""地圆说"等，其受西学之影响可见一斑。

---

❶ 方以智：《物理小识》，商务印书馆，1937年，编录缘起第1页。
❷ 方以智：《通雅》，上海古籍出版社，1988年，第5页。
❸ 方以智：《通雅》，上海古籍出版社，1988年，第1586页。

由此可知，方以智早年与中年对自然事物的关注较多，所投精力较大，因为他不仅把对自然事物的研究看作实际学问，更将其视为反对理学末流不务实际、鄙弃科学之空疏学风、"以实济虚"的重要途径和哲学研究的必要基础。因此，《物理小识》与《通雅》之贡献并不只是在科技史领域，在促进明末学风由虚返实的过程中的贡献更为突出。

（二）考证学

方以智被四库馆臣视为开清代考据学先河之人，主要是就其考证方法与其考证方面的成就而言。其考证学著作《通雅》，对有清一代的考据学风有较大影响。

1.《通雅》的刊刻

《通雅》初稿成于1639年，方以智在京期间又数次修改，直至1653年，方以智才将其托付给门生黄虞稷。"闭关高座寺，虽有隔世之感，然旧友新朋，往来不绝。为仕清旧友周亮工题画，一朝而就；授黄虞稷学问，以《通雅》相讯。"❶但黄虞稷仅将其珍藏于千顷堂并未刊刻颁行。后方以智弟子揭暄曾募资刊刻，但不知何种原因而中途放弃，直到1667年才由姚文燮付梓刊刻行世。姚在凡例中对刊刻缘起与经过有大致描述："是书系先生门人广昌揭子宣携至建溪。会吾乡西顽道人极叹其佳，因同吾师陈二如先生、吾友吴炎牧，怂恿行世，遂竭力付梓，幸而告成，至于晓夜校雠，一字无讹，则子宣之劳不可诬也。"❷因此，从着手搜集资料，至后来随闻随记，又几经增补，前后竟达三十年，难怪其友钱澄之说："要其三十年心血尽在此一书矣。"❸

2.《通雅》在训诂、音韵、词汇学方面的贡献

作为明季考证学集大成者，方以智在训诂、音韵、词汇学方面都有较

---

❶ 任道斌：《方以智年谱》，安徽教育出版社，1982年，第185页。
❷ 方以智：《通雅》，上海古籍出版社，1988年，第1587页。
❸ 方以智：《通雅》，上海古籍出版社，1988年，第1588页。

大贡献。在训诂学方面，方以智主要是发展了"因声求义"方法，重新倡导"欲通古义，先通古音"的原则："愚历考古今音义，可知乡谈随世变而改矣。不考世变之言，岂能通古今之诂而是正名物乎？欲通古义，先通古音，声音之道，与天地转。"❶ 方以智的最大贡献是强调古音知识对于训诂研究的重要性，原因在于古音的发展较古字变化更易把握。一是，古音的流变有规律可循，"世变远矣，字变则易形，音变者转也。变极返本。且以今日之音征唐宋，征两汉，征三代"❷。二是，考证音声可从考证古今方言入手。一方面，他发现"古人多引方言以左证经传"。另一方面，他认为"方言者，自然之气也，以音通古义之原也"❸。所以考证古今方言是以音求义、推本溯源的有效方法。

　　方以智在音韵学方面的成就主要是对古音的发展演变及其规律的探讨。方以智认为汉语语音的发展也与岁差一样因地因时而不断变化，所以他根据文献材料对中国古音的发展演变进行梳理，划分出了古音、汉音、晋以后的音、宋元音、明音等五个时期。"声音之道，与天地转。岁差自东而西，地气自南而北，方言之变，犹之草木移接之变也。历代训诂、谶纬、歌谣、小说，即具各时之声称，唯留心者察焉。"❹ "智考古今之声，大概五变，此事无可明证，唯烈经传诸子歌谣韵语徵古音，汉注汉语徵汉音，叔然以后有反切等韵矣。宋之旁言与韵异者，时或见之，至德清而一改。终当以《正韵》为主，而合编其下为一书。"❺ 不过也正因为古音多变，方以智才要求学者须具备深厚的经史知识，而批判学者一味沿袭不考的学风："小学源流，忽为细故。上下古今数千年，文字屡变，音亦屡变。学者相沿不考，所称音父，传讹而已。"❻ 也因此，他自己在音韵、训诂学方面下了很大工夫，亦取得了不小成就，所以梁启超先生才说："（方以

❶　方以智：《通雅》，上海古籍出版社，1988 年，第 22 页。
❷　方以智：《通雅》，上海古籍出版社，1988 年，第 79 页。
❸　方以智：《通雅》，上海古籍出版社，1988 年，第 79 页。
❹　方以智：《通雅》，上海古籍出版社，1988 年，第 22 页。
❺　方以智：《通雅》，上海古籍出版社，1988 年，第 6 页。
❻　方以智：《通雅》，上海古籍出版社，1988 年，第 3 页。

智）他对于古言古训，爬罗剔抉，废了多少心血，真算得中国文字之功臣了。"❶

方以智在音韵学方面开清人先河之处，还在声母问题上对古音的考证。他发现古人口齿同、重相混，也就是说，古人舌上音与舌头音常混不分，轻唇音未与重唇音相分，并举出"鲷"以及"包"的例子来说明。"鲷，误音纣……鲷从同，自音同。推因古人口齿同重相混，如种、锺通用，种、锺皆是一声。"❷ 他认为《后汉书》有相同的用法可证，而"夸人所争而是正者，皆守晋唐之音释也"，"古'包'与'孚'通"❸。虽然方以智在这里只是举例说明而没有给出明确的理论概括，但却是最先发现古代声母问题并予以研究的学者。

在词汇学方面，方以智善于搜集唐以后出现的新词语，并对其做比较，这对后人阅读唐以来的著作十分有帮助，如《通雅》卷十九之"称谓"："首坐谓之客，唐谓之坐头。劝酒者谓之白席。""《左氏》：'臧纥为客。'唐李尚书益，与宗人尚书益赴饮上坐，笑曰："今日两副坐头，俱李益。"❹ 执事劝酒，谓之白席人，亦谓四司人。另，方以智对联绵词（他称"謰语"）的研究也超越前人。一是，他把联绵词作为一类重要词汇予以搜集整理，并据其语音特征下了定义。"謰语者，双声相转而语涎罐也。"❺所谓双声，是指联绵词上下两字在语音上存在着密切的关系，如双声、叠韵等。二是，他提出以语音推断连绵词词义的方法，也就是忽略词语的形体结构，而仅从语音上去体会其词义，即"凡以声为形容，各随所读亦无不可"❻。其实，即便方以智没有上述创新，仅他对连绵词的搜集整理也算得上是对中国词汇学的大贡献了，因为他汇集的连绵词不仅在数量上超越前人，而且材料很丰富，每一连绵词都附有十几甚至几十个变体。

---

❶ 梁启超：《中国近三百年学术史》，东方出版社，1996 年，第 162 页。
❷ 方以智：《通雅》，上海古籍出版社，1988 年，第 86 页。
❸ 方以智：《通雅》，上海古籍出版社，1988 年，第 111 页。
❹ 方以智：《通雅》，上海古籍出版社，1988 年，第 668 页。
❺ 方以智：《通雅》，上海古籍出版社，1988 年，第 241 页。
❻ 方以智：《通雅》，上海古籍出版社，1988 年，第 242 页。

二、方以智实学思想的影响与地位

方以智重视知识、强调以实证方法研究实际事物的实学思想，对明末清初的学术方向与学术风气的影响都非常大。

（一）学术方向

就学术方向来说，方以智对知识的重视使其偏重于形而下的实际事物的研究，因而将儒学"格物致知"中的外向求知传统带上经验科学的道路，而他对古今名物制度、自然知识及实用技术的考证则开辟了为知识而知识的考据学。其中在自然科学方面主要是对其子方中通、方中履，弟子揭暄、游艺等被后人称作方氏学派的影响；在考据学方面，主要是对清代考据学者的影响。

先看自然科学方面。在方以智的影响下，他的儿子和弟子对自然知识都十分感兴趣，他们反复探讨、切磋，不但继承了方以智研究自然的传统，还将其讨论的许多问题推向深入，这对于传统科学的发展传承以及西方科学的传播的贡献是非常大的。以揭暄为例，他对《物理小识》中记录的知识非常痴迷，有于藻的《物理小识》序可以为证："子宣独于物理有深入处，醉心此书，因田伯、位伯、素北所编而重抄之。"❶ 实际上，揭暄不但重抄此书，还在编录过程中为许多知识条目加了按语，如对"声论"的注释就十分详尽。此类按语显然是对原有知识条目的补充或更为细致的分析与解释。此外，揭暄在其《璇玑遗述》中继续对《物理小识》中的相关知识做了阐发与扩充，如"天止一动""分野之辩""潮汐主月""政皆左旋""金水绕日""日小光肥""三际无定"等。因此，《璇玑遗述》的完成实与方以智的启发指导密切相关。有揭暄弟子之序为证："吾师《写天新语》一书，所以明天地万物之故。盖因寄寓盱江资圣寺，偶同浮山愚

---

❶　方以智：《物理小识》，商务印书馆，1937 年，自序第 1 页。

者茶话，辩难成帙，初止一篇，继五篇。及抵皖桐得十余篇，争传者几覆满户外矣。渐积至累牍，遂列为三十余条。"❶ 由于《璇玑遗述》仅关注天文、历类、地类等领域，涉及知识面远比《物理小识》要少，因此揭暄对于这些知识的探究比方以智又深入了许多。梅文鼎得其书后不禁称赞他说："深明西术，而又别有悟入，其言多古今所未发。"❷

除了对天文历法等知识条目的深入探究，揭暄对"质测"方法的继承与发展在方氏学派成员中也特别突出。一方面，他对《物理小识》中的某些未附实验说明的知识条目，根据自己的理解给出了相应的实验说明。比如，在《物理小识》"气论"条的注释中，为了证明方以智讲的气存于天地之间，无丝毫空隙，他在方文后附上了一个小实验。具体如下："罂瓶挈水，闭其一孔，水自不入，气塞中也；倒而悬之，水亦不出，气未入也。万斛之石，能压一气球，必气出尽而后合。"❸ 这个实验是从物理角度对气的客观存在所做的颇具说服力的证明。

另一方面，在《璇玑遗述》中，揭暄将《物理小识》中原有的实验又向前推进了许多，这些实验有的方以智做过，但过程比较简略，如对"光肥影瘦"的实验论证；有的则是方以智只是设想而未必实际操作过，如对天体运行模式的说明。揭暄继承了方以智"左右一旋说"，也认为"七政之行属于天，而月与五星又系于日"❹，"天只一动，更无二动，只有左旋更无右旋，日月星附于天，只有高下气位，从内流转，无九轮之隔别也"❺。但是，方以智所述"槽进丸退"的实验，非常简单，其用意旨在证明五星运动的相对性。但揭暄所描述的实验却非常细致："试以平板作一盘犁为沟槽，六道验之，其槽皆环规深滑，层层相裹，自内至外各置一圆

❶ 揭暄：《璇玑遗述》，载《文渊阁四库全书·子部》，台湾"商务书书馆"，1982 年，序。
❷ 梅文鼎：《梅勿庵历算书目·写天新语抄存》，商务印书馆，1939 年，第 25 – 26 页。
❸ 方以智：《物理小识》，商务印书馆，1937 年，第 3 页。
❹ 揭暄：《璇玑遗述》，载《文渊阁四库全书·子部》，台湾"商务印书馆"，1982 年，第 55 – 394 页。
❺ 揭暄：《璇玑遗述》，载《文渊阁四库全书·子部》，台湾"商务印书馆"，1982 年，第 55 – 392 页。

珠，共置一方，如日月合璧，五星贯珠式，板之中心竖一圆杆，以手挼之，使盘左旋而盘行势急，珠必倒退……盘转一周，珠倒几何？积久自周与内外大小间，又可以征迟速不等之别。"❶ 由揭暄的描述可知，此实验不但装置精致，而且设计也比较合理，而且就其叙述之细致来看，该实验是他亲手设计和操作应无可疑。因此，虽然揭暄的实验也仍停留于"发现"的实验阶段，而非近代科学之"验证结论"的实验，而且他也未有将实验现象予以总结上升至理论，但是通过实验阐明观点，却是对方以智之"质测"方法的继承与推进，由此亦可见方以智的质测方法在当时的影响。

方中通受方以智质测之学的影响，主要体现在他对西方数学的兴趣以及在中西数学会通方面所做的一些工作。方中通随父入京后有机会向汤若望学习天文历算，之后在顺治九年（1652），又有机会与当时著名的数学家薛凤祚一同游学于穆尼阁，学习天文、数学。与此同时，由于方以智也很重视传统数学，因此方中通不仅有机会阅读当时传入的西方数学书籍如《几何原本》《同文算指》等，也尽力搜集民间流传的传统数学著作如《周髀算经》《算法统宗》等，更为难得的是，他还得以与方以智的交际圈子中致力于质测之学的揭暄、游艺、梅文鼎等相互问难，切磋天文数学知识，因此其著述《数度衍》乃是水到渠成的事。

《数度衍》包括的数学知识是相当丰富的，既有传统算学的内容，又吸收了当时传入的西方数学知识。严敦杰先生称之为"数学的百科全书"❷，方中通则声称自己是"收将今日东西学，编作前人内外篇"❸。该书第三部分《几何约》是明末清初较早讨论《几何原本》的著作之一。方中通有过读《几何原本》的困难经历，所以希望能将其改写为一本一般学者可以接受的简易读本。"西学莫精于象数，象数莫精于几何。余初读三

---

❶　揭暄：《璇玑遗述》，载《文渊阁四库全书·子部》，台湾"商务印书馆"，1982 年，第55 – 395 页。

❷　严敦杰：《方中通〈数度衍〉评述》，《安徽史学》，1960 年第 1 期，第 52 – 58 页。

❸　方中通：《陪诗》，转引自严敦杰《方中通〈数度衍〉评述》，《安徽史学》，1960 年第 1 期，第 52 – 58 页。

过不解，忽秉烛玩之，竟夜而悟。明日质诸穆师，极蒙许可。凡制器尚象开物成务，以前民用，以利出入，尽乎此矣。故约且而绍之于此"❶，所以他对其中晦涩难懂、难以理解的内容给予了改造和删减，以便学习者理解和研读。尽管删减原著的推理结构会影响国人对于西方数学严谨逻辑精神的理解，但却促进了《几何原本》在明末清初的传播，所以安国风把方氏学派视为"传播欧式几何的一个重要纽带"。❷

方以智三子方中履受其父影响对质测之学也有涉猎，著有《古今释疑》。其中多处征引了西方科学的内容，如卷十二"天地之形"条引用了利氏的地圆说，"其言曰：地与海本是圆形，而合为一球，居天球中，诚如鸡子黄在青内"；"左旋右旋"条则引九重天说。再如，方氏学派的另一重要成员游艺，与方中通、揭暄等人有经常的论学与辩难，同时相互讨论彼此的著作，写序作跋，著有《天经或问》。

总之，方以智对质测之学的兴趣传给了他的儿子和弟子，并形成了以他为核心的小学术团体——方氏学派。该团体成员不但以质测之学为重要课题相互讨论与辩难，而且主要成员都有自然科学或博物学著作行世，因此，他们的活动不但是对质测之学的推进，促进了西方科学的传播，更代表了明末清初方以智倡导下的学者为学就实之学术取向的转变。

在考据学方面，方以智开辟的知识取向的考证学方向对清人的影响也比较大。虽然直到今天，《通雅》对清人影响的研究还不充分，最早如梁启超先生曾认为："此书有许多新理解，先于乾嘉学者而发明。但后来人征引很少，不知何故。"❸梁先生之所以有此结论，是因为受条件限制未能详细考证的缘故，因为据现有材料分析，该书在清代应是具有一定的影响力的。一是，四库馆臣对该书于清人的影响是肯定的："然以智崛起于崇祯中，考据精核，迥出其上，风气既开，国初顾炎武、阎若璩、朱彝尊等

---

❶ 方中通：《与梅定久书》，载张永堂《明末方氏学派研究初编·附录》，台湾学生书局，1987年，第256页。

❷ 安国风：《几何原本在中国》，纪志刚等译，江苏人民出版社，2008年，第396页。

❸ 梁启超：《中国近三百年学术史》，东方出版社，1996年，第219页。

沿波而起，始一扫悬揣之空谈，其中千虑一失，或所不免，而穷源溯委，词必有证，在明代考证家中，可谓卓然独立者矣。"❶ 这是对《通雅》的肯定，也是对方以智对清代考证学之开山作用的极大肯定。二是，从该书被著录和征引的情况来看，该书的流传与影响远比我们想象的广泛。一方面，清代的许多藏书楼目录都录有《通雅》。如《千顷堂书目》《孙氏祠堂书目》《持静斋书目》《旧山楼书目》《书目答问补正》。另，清代编辑的一些大型丛书也将其录入，如《续通志》《续文献通考》《渊鉴类函》《康熙字典》《佩文韵府》等，由此可见其在清代的影响。此外，朱彝尊的《经义考》也将其收入，而且朱氏对其评价颇高："先生（方以智）纷纶五经，融会百氏，插三万轴于架上，罗四七宿于胸中。"❷ 另一方面，清代考据学大家江永、钱大昕、段玉裁、王念孙等对《通雅》都有所征引或评价❸，由此更可推出清人不但不排斥《通雅》，而且对其在文字、音韵学方面的成就是非常肯定的。

方以智在训诂、音韵、词汇学等方面对清人的影响亦是可圈可点的。如方以智强调的"欲通古义，先通古音"之训诂方法❹，就被清人极为推崇。乾嘉学派的集大成者戴震就认为"训诂音声，相为表里，"因为六经里的字多假借，若无音声，假借之意就无所得❺，所以戴氏的方法是"疑于义者以声求之，疑于声者以义正之"❻，这几乎是方以智"因声知义，知义而得声"方法的翻版。更可贵是，戴氏还专门为此作《转语二十章》以阐释音义通转的关系和法则，将"因声求义"法发展完善。此外，戴震高徒段玉裁对"因声求义"法亦相当重视："治经莫重于得义，得义莫切于得音。"❼ 戴震另一弟子王念孙及其子王引之对该方法的推进亦有贡献。虽

❶ 纪昀等：《通雅提要》，台湾"商务印书馆"，1982 年，第 857 页。

❷ 朱彝尊：《静志居诗话》，人民文学出版社，1990 年，第 582 页。

❸ 杨建忠：《方以智〈通雅〉对清代学风的影响》，《韶关学院学报》，2004 年第 2 期。

❹ 方以智：《通雅》，上海古籍出版社，1988 年，第 22 页。

❺ 戴震：《戴震全书》第六册，黄山书社，1994 年，第 384 页。

❻ 戴震：《戴东原集》，卷四，载《转语二十章序》，商务印书馆，1929 年。

❼ 王念孙：《广雅疏证》，江苏古籍出版社，1984 年，序。

然，乾嘉学者很少提及或坦言方以智对自己的影响，但从钱大昕、段玉裁、王念孙对《通雅》都有所征引来看，这些考据学大师对该书及其中的考据方法应都有认真阅读与研究，因此我们似乎有理由相信戴氏及其弟子对"因声求义"的发展与方以智是有密切关系的，甚至可认为是对方氏研究的深化。所以梁启超先生说："密之最大发明，在以音求义。"❶ 而当代学者李智明先生也认为方以智的"因声求义"论"实际上开了清代学者以声音通训诂，以训诂通义理的先声"❷。此外，王引之对连绵词的研究也受其影响。再如，方以智对古音声母特点的总结也为清人所注意，如继方以智的上述发现之后钱大昕详细分析了"古声母无舌头舌上之分"和"古人多舌音"的两个特点❸，江永则肯定了方以智对古音发展规律的总结，认为方氏所言"古音之亡于沈韵，犹古文之亡于秦篆；然沈韵之功，亦犹秦篆之功。自秦篆行而古文亡，然使无李斯画一，则汉晋而下各以意造书，其纷乱何可胜道！自沈韵行而古音亡，然使无沈韵画一，则唐至今皆如汉晋之以方言读，其纷乱以何可胜道！"❹ 此乃十分确凿之论。

方以智在文字学方面的影响在于他对《说文解字》的重视。《说文解字》虽是中国历史上文字学研究的基本文献，历代学者对其征引也比较多，但专门对其有所研究的学者却不多，明代则更少，所以方以智是对其进行系统研究较早的学者。《通雅》中卷首一"说文概论"有对其总体分析，卷首二"小学大略"则对其源流以及后人的评价有所阐述，卷一、卷二对该书出现的一些错误进行了辩证分析。入清以后，随着考据学的兴起，对《说文解字》的关注和研究也逐渐白热化，最初如惠栋的《读说文记》，至戴震、段玉裁，则对其进行了深入研究，之后对该书的注释、疏解性著作陆续出现，竟成为清学中非常核心的典籍。虽然清人并不提及方

---

❶ 梁启超：《中国近三百年学术史》，东方出版社，1996 年，第 171 页。

❷ 李智明：《中国古代语言学史稿》，贵州教育出版社，1993 年，第 210 页。

❸ 钱大昕：《舌音类隔之说不可信》，转引自杨建忠《方以智〈通雅〉对清代学风的影响》，《韶关学院学报》，2004 年第 2 期。

❹ 方以智：《通雅》，上海古籍出版社，1988 年，第 1500 页。

氏的创始之功，但开其端绪者实属方以智。

（二）方以智对清代学风的影响

方以智治学求实的最大特点是"善疑"与"尊证"，因疑而求证据，二者是相辅相成的。首先，方以智认为学问当从怀疑开始："副墨洛诵，推至疑始，始作此者，自有其故，不可不知，不可不疑也"❶，"学不能观古今之通，又不能疑，焉贵书簏乎。"❷ 因此，在考证学中他"善疑"的精神是比较彻底的。他不但敢于怀疑前人，还敢于怀疑经典："……小学原流，忽为细故。上下古今数千年，文字屡变音亦屡变，学者相沿不考，所称音义，传讹而已。上古渺矣，汉承秦焚，儒以臆决。至郑许辈起，似为犁然。后世因以为典故闻道者，自立门庭，糟粕文字，不复及此。其能曼词者，又以其一得管见，洸洋自恣，逃之虚空，何便于此？考究根极之士，乃错错然元本，不已苦乎？摭实之病，固自不一，属书赡给，但取渔猎，训故专己，多半附会。"❸ 这是说，前人因沿袭不考而导致的错误之处颇多，因此对于古人所编书籍哪怕是经典亦不应盲从，而应以批判的眼光多加辩驳而自出创见。所以，他认为学问应从怀疑开始，比如，对于中国的文字学宝典《说文解字》他亦敢批判与辩驳，认为许氏"解字立意，更多牵强"❹，并在《通雅》卷一、卷二中指明其疏漏与舛误多处，对其出现的错误给予分析和改正。

方以智的"善疑"精神是否对清人有影响？随着其著作的刊刻与流传，他的治学精神与方法是否也由此得到关注？笔者以为答案是肯定的。由前文分析，清代考据学大家江永、钱大昕、段玉裁、王念孙等都对《通雅》有过一定研究和关注，四库馆臣亦把方氏视为开清学之先河者，我们推断方以智"善疑"的精神亦会影响清代的考据学者。如比他稍晚一些的

---

❶ 方以智：《通雅》，上海古籍出版社，1988 年，第 1 页。
❷ 方以智：《通雅》，上海古籍出版社，1988 年，第 3 页。
❸ 方以智：《通雅》，上海古籍出版社，1988 年，第 3 页。
❹ 方以智：《通雅》，上海古籍出版社，1988 年，第 15 页。

阎若璩（1636—1704）就把怀疑作为自己治学的方法论核心。阎氏敢于对历代学者研究《尚书》的结论提出质疑。《古文尚书》自东晋以来一直被奉为宝典，其间虽有朱熹、吴澄等人稍有怀疑，但始终未有人敢全面质疑其真伪，而阎若璩却从篇数、篇名、内容、历史事实等方面举出大量证据证明梅赜本的二十五篇和《孔传》皆为伪作，这在当时乃是石破天惊的大事。所以其《尚书古文疏证》才能成为清代考据学的第一流作品，而阎氏也因此被梁启超先生尊为"近三百年学术解放的第一功臣"。❶ 据说，阎氏读书能力透纸背，"每于无字处精思独得"。他自己亦说："古人之事，应无不可考者。纵无正文，亦隐在书逢中，要须细心人一一搜出耳。"❷ 虽然阎氏寻找证据的执着有些过头，但他读书能从无疑处寻疑的精神却与方以智的"善疑"精神十分相似，因为方以智亦曾提出："善疑者，不疑人之所疑，而疑人之所不疑。善疑天下者，其所疑、决之以不疑；疑疑之语，无不足以生其至疑。新可疑，旧亦可疑；险可疑，平更可疑。"❸ 因此，有理由认为方以智在其考证学中表现出的大胆怀疑精神随着《通雅》的流传而为清代学者所接受，进而影响其治学的基本原则和方法。

方以智在考证学中所表达的"尊证"方法对清代学人也有较大影响。前已有述，立论要举证是方以智治学的基本原则和方法。他说："智每驳定前人，必不敢以无证妄说。"❹ 他曾自述其治学经历："凡生平父师所诘，目所涉猎，苟有可纪者，无不悉载。即一字之疑，一音之讹，一画之舛，亦必详稽博考，以求其至是。"❺ 四库馆臣赞方以智其"考据精核"开清学风气之先即缘于此。在其后，清代考证学者重视证据渐形成风气，梁启超先生曾评价说，"他们做学问的方法真科学……每下一判断，必待众证都

---

❶ 梁启超：《中国近三百年学术史》，东方出版社，1996 年，第 74 页。

❷ 阎若璩：《潜丘札记六》，转引自梁启超《中国近三百年学术史》，东方出版社，1996 年，第 80 页。

❸ 方以智：《东西均》，庞朴注，北京：中华书局，2001 年。

❹ 方以智：《通雅》，上海古籍出版社，1988 年，第 5 页。

❺ 方以智：《通雅》，上海古籍出版社，1988 年，第 1588 页。

齐之后"❶。以阎若璩为例，阎氏对于证据的要求可谓异乎寻常的严格，每立一论往往能举十处证据。他儿子说："府君读书，每于无字句处精思独得，而辩才锋颖，证据出入无方，当之者辄失据。常曰：'读书不寻源头，虽得之，殊可危！'手一书至检数十书相证，侍侧者头目眩晕。"❷ 此外，方以智提倡的"互证法"也被清人发扬光大、完善，如乾嘉考据学集大成者戴震对"互证"法之必要性与论证功能的阐释即是一例。戴氏推崇《尔雅》与其他古代经籍的相互参证，"夫援《尔雅》以释《诗》《书》，据《诗》《书》以证《尔雅》，由是旁及先秦以上，凡古籍之存者，综核条贯，而又本之六书、音声，确然于故训之原，庶几可与于是学"，"援《尔雅》附经而经明，证《尔雅》以经而《尔雅》明……为之旁摭百氏，下及汉代，凡载籍去古未遥者，咸资证实，亦势所必至"❸。

因此，方以智确实是开清代严密考证之先河的人，因为考据学虽由明中期杨慎开其端绪，但"杨慎以下那班古学家，并不像乾嘉诸老那样朴实下工夫，而都是才殊纵横，带些浪漫色彩的。他们都是大刀阔斧，而不是细针密线"❹。而方以智却将学者引向一条朴实治学、严谨求证的尚实之道。乾嘉学者虽不言方以智之创始之功，但方氏创始之劳却不可抹杀。

---

❶　梁启超：《中国近三百年学术史》，东方出版社，1996 年，第 214 页。
❷　梁启超：《中国近三百年学术史》，东方出版社，1996 年，第 75 页。
❸　戴震：《戴震全书》第六册，黄山书社，1994 年，第 275 – 276 页。
❹　嵇文甫：《晚明思想史论》，东方出版社，1996 年，第 156 页。

第四章

西方科学与方以智知识观点的变化

前已有述，方以智幼年即有机会接触西方科学，成年后仍利用多种机会研读西书、求教西士，不仅如此，他还不自觉地将其纳入自己的研究，使其成为自己知识储备的有机组成部分。与此同时，方以智在对以精确性、系统性、有效性和丰富性见长的异质知识较长期的学习与研究过程中，对知识内涵、性质以及对知识之地位的理解也发生了较大变化。

第一节 方以智对西方科学的学习与研究

一、方以智对西方科学的引用与研究

方以智是明末清初立足于传统接受与学习西方科学的开明学者之一，他对西方科学的学习与研究是比较有代表性的。方以智早年随父在福建就已见过熊明遇的《则草》，并追随熊氏学习西学。之后，熊氏《格致草》刊行后他亦详加研读。1634—1639 年在南京流寓期间，又有机会得到李之

藻编的《天学初函》，通籍后，在北京他又得与汤若望结交，受到汤若望的亲自指导，期间应读过《远镜说》，亦有可能从汤若望处得到《崇祯历书》。因此，方以智对西方科学的内容与特点应有较深刻的认识，"泰西质测颇精"❶。尤为重要的是，这些西洋知识都是经过扎实研究得到的较为精确的知识，而且也是非常有效且有用的知识。因此，追求新知且苦于寻求实学资源的方以智自然会非常重视，也因此，《物理小识》与《通雅》对西方科学都有所吸收。这些知识既有直接引用，也有创造性的吸收。

（一）直接引用

据笔者统计，《物理小识》摘引西方科学达一百余处，其中仅引自艾儒略《职方外记》的内容就有五十余处；《通雅》亦有数十处摘引了西方科学之天文、地舆等知识。下面简单梳理一下其中比较重要的知识点。

在天文历算方面，主要有地圆说、天有九重说、黄赤道、经纬度、岁差、日月食等。不过为了便于读者理解，方以智在引用时有时会以形象的比喻说明，有时则附会旧说。比如引地为圆体时他便以"浮豆"比喻之，"地体实圆，在天之中，喻如脬豆，脬豆者以豆入脬吹气鼓之，则豆正居其中央"❷。对黄赤道与经纬度的介绍则先以瓜蒂、瓜脐的比喻说明地球的南极与北极，在此基础上再分别描述黄赤道与经纬度的划分，"圆六合难状也。愚者以瓜蒂、瓜脐喻之……自蒂至脐，以其中界周围，为东西南北一轮，是赤道也，腰轮也。黄道则太阳日轮之缠络也，斜络于赤道，半出赤道内，半出赤道外，约周度十二宫而平轮之，子午纵轮之，卯酉横轮之，皆一也，约为三轮。六合八觚之分，自蒂至脐，凡一百八十度，自赤道至蒂凡九十度，黄道之出入赤道者，远止二十三度半，此曰纬度。七曜所经之列宿，则曰经度每三十度为一宫，十五度交一节，其概也"❸。九重

---

❶　方以智：《通雅》，上海古籍出版社，1988 年，第 36 页。
❷　方以智：《通雅》，上海古籍出版社，1988 年，第 18 页。
❸　方以智：《物理小识》，商务印书馆，1937 年，第 19 页。

天说则直接将引用了利玛窦原文的比喻，"此九层相包如葱头，日月星辰定在其体内，如木节在板，因天而动，而天体本明通透如琉璃，毫无限隔也"❶。

在地理学方面，方以智引入了地球五带说和五大洲说。《通雅》天文卷引地圆说的同时也介绍了"五带说"："故以瓜喻之，自北蒂而南脐，为五带，曰极圈内，曰南极圈内，远日而冷者也；曰在昼长、昼短二圈之间，其地甚热，应赤道近日故也；曰在北极昼长二圈之间，曰在南极昼短二圈之间，此二地谓之正带日迤照者也。"❷ 接着又介绍了五大洲的划分："又以地势分五大州，曰欧逻巴，南至地中海，北至卧兰的亚及冰海，东至大乃河墨河的湖大海，西至大西洋……曰墨瓦腊泥加，尽在南方，惟见南极出地而北极常藏焉，其界未审何如，故不敢订之，惟知其北边与大小爪哇及墨瓦腊泥峡为境。"❸ 方以智认为，关于世界地理的区域分布既有利玛窦带来的"坤舆全图"的直观之记述，又为利氏本人的航海经历所验证，比之中国并从未经验证的"四极、四荒"说以及邹衍的大九州说精确得多，因而此后应当以西学的地球五大洲为准。

在生理方面，其征引了《主制群征》中的人身血液循环系统和人身骨骼、肌肉结构以及心、肝、脑的功能等方面的知识，主要见于《物理小识》"血养筋连之故""论骨肉之概""身内三贵之论"诸条。方以智几乎完全接受上述生理知识，而且很坦诚地指出，"此论以心、肝、脑、筋立论，是灵素所未发，故存以备引触"❹。

方以智对上述知识的引用说明了他对西方科学尤其是其中明显优于中国传统科学的部分是非常欣赏的。他的引用不仅促进了西方科学在知识阶层的传播，开阔了国人的眼界，同时也促使人们能够对中西科学的差异有一个初步的比较和认识。

---

❶ 方以智：《通雅》，上海古籍出版社，1988 年，第 438 页。
❷ 方以智：《通雅》，上海古籍出版社，1988 年，第 438 页。
❸ 方以智：《通雅》，上海古籍出版社，1988 年，第 594 页。
❹ 方以智：《物理小识》，商务印书馆，1937 年，第 74 页。

（二）创造性吸收

方以智对西方科学的学习除了直接引用，还有创造性的吸收。如对于西学最新观测成果的利用，他曾做过深入思考并有了某些突破。

如在《物理小识》"远近分轮细辨"中，他根据西方当时用望远镜测到的太白星有周相变化的情况，再辅之以传统观察与分辨七曜运行模式的方法，即七曜视运动的速度与七曜在运行时的相互遮掩的情况，提出了他认为更为合理的宇宙结构模式。"月近地能掩日，五星六曜有时掩，恒星远者迟近者速也。旧说金水在日天下日天上皆无确据，若以相掩证之，则大光中无复可见，论其行度，三曜运旋，终古若一，两术皆穷，因知皆臆说也。西国近以望远镜测太白，则有时晦有时光满，有时为上下弦，计太白附日，而行远时仅得象限之半，与月异理。因悟时在日上故光满而体微，时在日下则晦在旁故为上下弦也。问：荧惑、岁填去日远近？曰：荧惑在岁填内，在日外，盖为其行黄道，速于二星，迟于日也。木星在火外，以其行黄道，速于土，迟于火。填星在木外，其行黄道最迟也。恒星无视差，七政皆有视差，且以此断。"❶ 首先，这里所说的太白是指金星，荧惑是指火星，岁填是指土星。此段话是说，根据金星有周相变化的事实，可以推断金星、水星是绕日旋转的，月、日、火、木、土则是以地球为中心，按照远近顺序的依次排列绕地球旋转的，这可以看作是既不同于托勒密也不同于第谷的一种新的宇宙结构，也是方以智在掌握西学新观测成果的基础上所做的进一步思考与分析的结果。

再如，方以智提出的"左右一旋说"，其立论依据也是西人的新观测成果。他说："问：左旋右旋何决耶？愚者曰：仲默注《尚书》，紫阳注十月之交，说之皆可者也。高皇举一星以视月，月渐远于星，然同行一疾一徐，谓徐者右行，疾者左行，此亦说之可合而不遂决者也。天左旋，日月

---

❶　方以智：《物理小识》，商务印书馆，1937 年，第 20 页。

五星右旋，自人北面言之也。"❶ 这是说，对于左旋说与右旋说应当作何判断的问题，历史上一直存有争议。方以智的观点是：天（恒星天）左旋，即自西向东而行，日月五星实际上也是左旋。他进一步解释说，之所以我们看日月五星为右旋，则是因为以恒星天为参照物的缘故。为了易于人们理解，他还以"槽进丸退"的比喻来说明其中的道理："丸滚于槽，槽西行急，则槽中之圆物自然东转，而实西旋顺天，但积差之度见于星宿，似乎不与天同而每退焉，其分迟速者，近地者疾远地者迟也，带动之说固无疑矣。"❷ 这也就是后来揭暄在《璇玑遗述》中通过具体细致的实验来说明的天体运动模式，即诸政在恒星天的带动下运行，实际皆为左旋而没有右旋。对于五星左旋还是右旋问题，此前由于没有可靠的天文观测为证，所以一直争论不决，而方以智却敢于利用西学传入的新观测成果对其做出肯定性论断。因此，由上述两个例子可以发现，方以智对西方科学的学习与研究是有一定深度的，并没有仅停留于直接引用的层面，这一点，从他对中西学的比较分析中亦可看出。❸

（三）对中西科学的比较

方以智在引用和利用西学知识的同时，还不自觉地对中西科学进行了比较。如对于"四极""四荒"、邹衍的大九州说、西方地球五大洲说的比较；一行的"星土分野说"与利玛窦带来的"诸天星图"的比较；"天汉说"与西学对银河观测结果的比较；中西历法的全面比较等。对于中学存在明显错误而西学更为可靠的问题上方以智一般都能坦诚地接受西学并借以批判中学的粗疏与无据。如他对传统"分野"说的批判，"星土分野，隋唐之志为详。然自西法图成，则两戒之说荒唐矣……利玛窦为两图，一载中国所尝见者，一载中国所未见者。天河自井接尾箕，尽垓埏万方，而

<hr />

❶ 方以智:《物理小识》，商务印书馆，1937 年，第 26 页。
❷ 方以智:《物理小识》，商务印书馆，1937 年，第 26 页。
❸ 方以智对宇宙结构模式与五星运行模式的创见，关增建教授有细致分析，参见关增建《〈物理小识〉的天文学史价值》，《郑州大学学报》（哲学社会科学版），1996 年第 3 期。

分度界之，真可谓决从古之疑。一行两戒之论，辩若悬河，以今直之，皆妄臆耳其。"❶ 而对于中西历的比较他更是引了薛凤祚《天步真原》的详细分析，"北海薛氏曰：中历不及西士者，凡有数种。一曰经星度差，由于黄赤道二极不同心，星系赤道，而执黄道之部次，以求合，故自洛下闳以及郭守敬诸名家测验无符者。一曰宫分今古不同，由于黄赤交道西行，自有书契来，春分日缠角中渐西至进贤又至左执法，于是而执一定之说，遂至宝瓶等十二宫，皆差八度有奇……天道十年一变，实无时不变也。今大统本于授时，授时本于大明，千二百余年于此矣，焉得无差。而西历于万历癸丑方经改定，崇祯戊辰尚多测改，其疏密可知也。至于五星，则自张氏至今千余年人未问及，测步不合，委之失行，何以西历推其经纬更真于日月邪。法更立正弦、余弦、正切、余切、正割、余割等线，始以三角对数法为测量新义，详见《天步真原》"❷。这里不仅认可薛氏对中西历的差别的比较，还从思想方法、观测技术和数学方法上分析了造成中西历差距的原因。其他如对中西闰法、"天汉说"的比较等，方以智都能揭示中西存在的差距及其原因，由此可知直至此时他对待知识的态度还是比较客观的，并没有因为民族感情或面子而违背评判的客观精神。

（四）对个别知识的质疑

当然，方以智对西方科学的吸收也不是毫无批判，对于有些知识他也会凭借自己的知识经验和理性推论给予辩驳。如他对西学"开辟纪年"的质疑："问开辟纪年有据乎……太西曰：开辟至伏羲元年甲辰一千七百四十年，彼以一树证之，安知此树何年生乎？佛言成住坏空相轮回而已，八十辘轳未核也……必以西言为征，则一会之说耳。"❸ 这是说，西学凭一棵树论定开辟纪年的时间是不可靠的。再如他对利玛窦所言日大于月的倍数

❶　方以智：《通雅》，上海古籍出版社，1988 年，第 450－451 页。
❷　方以智：《通雅》，上海古籍出版社，1988 年，第 449 页。
❸　方以智：《物理小识》，商务印书馆，1937 年，第 29 页。

问题亦有自己的分析:"西法日轮之大,未尝倍于离地之空也。按地球全径二万八千六百三十六里九分里之四,而日径大于地百六十五倍八分倍之三,则日径当四百七十三万五千七百五十二里九分里之五也。其日离地中则一千六百余万里,视日径且三倍有余矣。但日去地中一千六百余万里倍之,则日天之径也。以径七则围二十二之法求之,日天之周当一万万里有奇,其三百六十之度,每度二十七万余里。西法又谓每半度为日之全径,然则日全径仅十三万余里耳,何得百六十余倍于地耶?愚者曰:前言日轮之大,倍于离地之空,此算日离地三倍,足以破之矣。"❶ 虽然这里方以智误把利玛窦说的太阳直径比当作体积比,因而其计算结果亦出现较大误差,但仍然表明了他对西学不盲从的态度。另对西学"三际说"方以智则根据自己日常经验与《黄帝内经》的相关内容指出其不精确所在,西人认为"三际者,近地为温际,近日为热际,空中为冷际也"❷。但方以智认为这是不确切的,一是由常识推理,"日光蒸地,火收地中,火必出附天而止,天火同体,水地相比也。一气升降自为阴阳"❸;二是《黄帝内经》所载似乎更为合理,"黄帝五运篇曰:风寒在下,燥热在上,湿气在中,火游行其间。此至语乎?日所到则暖,日去则冷,一气为阴阳而自相盘旋者也,三际概耳"❹。

二、中西知识的会通

方以智对西方科学的引用与研究使得这些异域新知很快成为其知识储备的有机组成部分,而且在其对自然事物的研究中,这些西洋新知与传统知识被置于同一平台,共同作为背景知识而出现,有时二者还可以相互证明,相互补充,甚至难以区分新旧与中西,这既是方以智学习与吸收西洋

❶ 方以智:《物理小识》,商务印书馆,1937 年,第 24 页。
❷ 方以智:《物理小识》,商务印书馆,1937 年,第 19 页。
❸ 方以智:《物理小识》,商务印书馆,1937 年,第 20 页。
❹ 方以智:《物理小识》,商务印书馆,1937 年,第 21 页。

新知的方式，也是他会通中西知识的特点。

（一）西洋新知成为解释自然现象的理论基础

方以智善于用他已接受的西学知识作为解释自然现象的理论基础。如《物理小识》天文卷中他已熟练地运用地圆说与黄赤道、经纬度等知识解释太阳出没、昼夜长短等天文现象。对于地处不同经度之点的太阳出没的不同，方以智解释说："（太阳）每日绕地一周，天下国土非同时出入也。东方先见西方后见，东西相去七千五百里，则差一时，相去四万五千里，则东方午时西方为子时。"❶ 对于地处不同纬度亦有昼夜长短的差距他也有细致分析："昼夜长短，由于日之出入；日行虚缩，由于南北极之出地高下。中国处赤道北，夏至近北则昼长夜短，冬至近南，则昼短夜长；处赤道南者反是。北极之下，半年昼半年夜。"❷ 因此，由于太阳直射点的移动，各地节气、旦暮也因之而不同："日行赤道北为此夏至、则为彼冬至，日行赤道南为彼夏至、则为此冬至，此言瓜蒂瓜脐之异也。若东西，则出没发敛以渐而异，半其九万里即差六时，彼为日交则此为夜交，彼晨交则此属暮矣。"❸ 这里，不仅"南极""北极""赤道"等词汇的使用相当自如，而且在上述解释中地圆说、黄赤道、经纬度等知识作为理论背景隐藏其后，丝毫看不出是其接受的异域新知。

再如，"天有九重说"亦被方以智接受并成为其天文研究的背景知识。虽然他对西说中上帝居于宗动天之说是给予批判和摒弃的，但这并不妨碍他以"静天""宗动天"等天体分层理论去解释"左右一旋说""两种定极""宿天""节度定纪"等天文现象与问题。如对五星运行的分析："日月星从西向东，其周天各有迟疾，宗动天从东向西一日一周。或曰历家取捷，是亦一说也。西法分为九层，各为一种行法，乃可立算。"❹ 对于"两

---

❶　方以智：《物理小识》，商务印书馆，1937 年，第 28 页。
❷　方以智：《物理小识》，商务印书馆，1937 年，第 28 - 29 页。
❸　方以智：《物理小识》，商务印书馆，1937 年，第 29 页。
❹　方以智：《物理小识》，商务印书馆，1937 年，第 26 页。

种定极""节度定纪"的解释也以天体分层为基础："赤道之拱架三轮是静天之极也，黄道之拱架三轮是定日月星经纬度之极也。半周天为一百八十二度半，而大统历日自春分至秋分有空度，恒多八日，秋分至春分有隔度，恒少八日，足知日天之心与宗动左旋天之心不对，每过北八度，此义历士鲜有明其解者，故须两种定极，以算之。"❶ 这一方面是讲赤道与黄道在定静天之极与日月经星纬度之极的作用，另一方面则阐明了旧历春秋分不均等的原因。"赤道正络天腰，以子午为极，黄道斜络，以亥巳为极，黄赤二道之交为春秋分，南北二陆之尽为冬夏至，独日天心北过宗动天心，与地心四度往来共过八度，则春分至秋分合一百九十日七时四刻，当以十五日零十时五刻为一节气。"❷ 这是讲划分节气时刻的依据与方法。上述两条天文历法知识均以"九重天"说为天体结构模式，"静天""宗动天"诸术语不断出现，可知方以智不但接受西方科学，还以其作为自己研究的背景知识，用以分析当时学者们关注较多的历法问题。

（二）中西知识的相互补充

西方科学作为方以智知识储备的有机组成部分，与传统科学有着同等的地位，在他对历法等问题的研究中，二者相互补充，有时简直难以区分。如对"岁差"问题的分析，方以智不仅把自尧、秦、汉、晋、宋（南朝）、唐、宋、元至明洪武、嘉靖、万历年间对于冬至初昏时所在度数的记录作了分析，将历代历算名家上至邓平、洛下闳，下至郭守敬、许衡所测算的岁差数统计出来予以比较，同时也列出西方历法关于岁差的测算方法一起进行比较与分析，分析的结果是西法的测算更为精确，"岁差，黄道积差也。今之法密于古矣。（这里今法即西法）"❸。而西法之所以胜于中法，一是因为西法多经测改，而中法一直沿用元代授时历之制，行久必

---

❶ 方以智：《物理小识》，商务印书馆，1937 年，第 27 页。
❷ 方以智：《物理小识》，1937 年，第 30 页。
❸ 方以智：《通雅》，上海古籍出版社，1988 年，第 446 页。

差；二是，西法约定的测算方法比中法合理。"及至洪武中，刻漏博士元统以洪武十七年甲子岁前冬至为大统历，虽不用消长之法，而积分犹仍授时之制也。然行之已久，不能无差……西法，定以六十六年八闰月而差一度，历立经度纬度，日月食分，各省时刻分秒，可谓密矣。"❶ 这里方以智将中西历法岁差计算问题置于同一平台予以比较，并未回避西法的优点与中法之欠缺，而是实事求是的分析与评价。再如，对中西"时刻划分"与"闰法"的分析，方以智也是将中西置闰方法放在一起进行研究，指出二者的不同："西法行阳历，以太阳为岁，自今岁冬至至明岁冬至三百六十五日，分十二月，三十日或三十一日为一月也。所余四分度之日为三时，积四年而为一日。故每四年闰一日，有闰日之月，无闰月之年。中国以太阴为历，故有盈虚，以月为主，而大阳节气反分注于月之下。大阳历则以节气为主，而朔望分纪于节气下矣。"❷ 这里同样没有中西地位高下之别，而只有方法的优劣。由此可知，方以智把西方科学视为有益的外部资源，与传统科学相互补充，并无意区分两种的知识之高下。

（三）中西知识的有机结合

整合中西知识，将传统的阴阳解释机制纳入西学的框架内，或利用中学理论证明西学的同时也利用西学论证中学，也是方以智会通中西知识的一种方式。比如，方以智对西学"三际说"的精确性虽有批评，但他认为这不失为分析大气分层的一个较合理的概念框架，所以他对于雨、雪、霰、雹、彗星形成都是将传统的阴阳二气说纳入"三际说"的框架内予以解释的："三际者近地为温际，近日为热际，空中为冷际也。日光蒸地，火收地中，火必出附天，而止天火同体，水地相比也。一气升降，自为阴阳，气出而冷际遏之，和则成雨，如饭蒸之馏，遇盖而水滴焉。阳亢则为风，阳欲入而周旋亦为风。初起之云，则饭甑之气也。飘散不收或腾或

---

❶　方以智：《通雅》，上海古籍出版社，1988 年，第 447 页。
❷　方以智：《通雅》，上海古籍出版社，1988 年，第 444 页。

雾，夜半阴气清肃而上则为雾，结则为霜，雨上冷凝为霰，霰坠，猛风拍开成六出片则为雪。阳气伏阴气之内不得出爆开则为雷，火气发越，适映云际，其光疾甚闪烁，曰电。夏月火气郁蒸，冲湿气而锐起，升高至冷际之深处，骤沍为雹。"❶ 对于雨、雪、霰、雹的形成原因，宋代学者程颐与朱熹都曾做过有益的探索，方以智创新之处在于他将传统"阴阳二气说"与西方科学的"三际说"有机结合在一起，开始探究这些自然现象形成的原因与机制，使这些经验性现象描述的理论性增强，从而使上述解释变得更具体、更有说服力。

再如，方以智还将耶稣会士传入的血液循环、人身骨骼结构、心、肝、脑为"身内三贵"等生理学知识纳入中医学的知识体系内。也许是因为他认为这些知识是传统医学理论中从未有过"新"的知识，所以，对于这些"他唯一从概念框架到知识细节完全接受的西学知识，"❷ 他非常希望能将其与中医理论结合在一起。一方面，为了使国人能够接受新知，他采取了"以中证西"的方法；另一方面，为了使中医理论有更精确、可靠的知识基础他亦用西学来论证中学。如他在解释《主制群徵》"心、脑、肝"为人身内三贵时就运用了中医的阴阳五行理论，而在论证中医的人身如一"小天地"的"天人合一"论时，他则利用了西学中的血液循环、心脑功能等相关知识。"人身小天地，四大升降，生息无刻有停。无论脏腑之传送停泄，与风雨露雷相应。即皮膜之间一小筋，皆有为而生……至于我之灵台，包括县寓，记忆今古，安置此者果在何处？质而稽之，有生之后，资脑髓以藏受也……人身命根奚托？任督之脉，玄牝之门，与天地同。"❸ 这是说，人身如天地一样，生命运行没有片刻停歇，脏腑间血气循环与传送亦无有停歇，其中掌管人的记忆的不是心脏而是脑髓。此外，他在引用

❶ 方以智：《物理小识》，商务印书馆，1937 年，第 20 页。

❷ W. J. Peterson：*Fang I - Chih*："*western learning and investigation of things*" *The unfolding of Neo - confucianism*. （De Bary, William Theodore, Conference on Seventeenth - Century Chinese Thought Bellagio, Italy），American Council of Learned Societies. Committee on Studies of Chinese Civilization. Columbia University Press, 1975, 397.

❸ 方以智：《物理小识》，商务印书馆，1937 年，第 81 页。

心、肝、脑为身内三贵时，亦强调了人的思维器官不是心脏而是"脑髓"，"人之智愚，系脑之清浊"❶。

综上所述，在对西方科学学习与研究的过程中，方以智已经不自觉地将其纳入自己的知识体系，成为其知识储备的有机组成部分。虽然某些西洋新知因与传统理论的结合而发生了一定程度的变形，但这也符合科学传播的规律。❷ 与此同时，在进一步的研究中，方以智亦未因其是异域知识而有偏见，而是将其作为共同的背景知识，要么以西洋新知解释传统天文现象，要么将其与中法放于一起分析比较，相互证明，真正做到其好友梅文鼎所说的，"法有可采，何论东西，理所当明，何分新旧"的学习与会通原则。❸

第二节　方以智知识观点的变化

方以智九岁开始接触西方科学，二十几岁已研读过当时传入的大部分西学书籍，因此西洋知识不仅已渗透至他的学术研究中，还引起他对知识内涵、性质以及知识之地位理解的变化。

一、知识内涵的变化

将自然知识与技术以及考证知识纳入儒学研究范围，扩充儒学知识的内涵是方以智知识观念变化的突出特点。

---

❶ 方以智：《物理小识》，商务印书馆，1937 年，第 75 页。

❷ David Wade Chambers：*Locality in the History of Science*：*Colonial science*，*Tchnoscience*，*Indigenous Knowledge*. *Osiris*，2nd Series，Vol. 15，221 – 240.

❸ 梅文鼎：《堑堵测量》卷二，载《梅氏丛书辑要》，梅氏颐园刻本。

（一）儒学传统中知识的内涵

方以智知识观点的变化首先在于他将理学偏重于伦理治教的知识内含转向关注外在世界的客观知识。儒学的核心问题是"内圣"与"外王"，而尤以"内圣"为重，自宋明理学兴起以后则愈加偏向于"内圣"甚至只讲"内圣"，因此儒学对于知识的讨论主要是德性之知，客观知识如自然科学与技术类的知识一直处于边缘化的地位。孔子虽未对"知"的内涵做过说明，但他在回答樊迟时却表明了他对知的理解主要是"知人"，"樊迟问仁，子曰：'爱人'。问知，子曰：'知人'"❶。可见所谓的"知"主要是人伦方面的内容。再如"樊迟请学稼"的例子，樊迟向孔子请教种庄稼的问题，但孔子却认为这对儒者并不重要，并随即指出治理国家只要搞好为政者的仁义礼信，其他问题自然就解决了，"上好礼，则民莫敢不敬；上好义，则民莫敢不服；上好信，则民莫敢不用情。夫如是，则四方之民，襁负其子而至矣，焉用稼？"❷再如孟子所谓"智"也主要是道德意义，以"是非之心"为"智之端也"。❸因此他虽然也把天文知识称为"智"，"所恶于智者，为其凿也。如智者若禹之行水也，则无恶于智矣。禹之行水也，行其所无事也。如智者亦行其所无事，则智亦大矣。天之高也，星辰之远也，苟求其故，千岁之日至可坐而致也"❹，但天文历算等自然知识却不在他的研究视野之内。

至宋代，张载、程颐把知识划分为德性之知和闻见之知，也就是说，关于自然事物的知识已进入他们的视野，之后朱熹更把闻见之知视为获得德性之知的必要途径，但他们讨论的出发点与归宿却始终是德性之知。因此，程朱治学之路径虽然开出了向外物探求知识的可能性，而且对于知识作为成就德性之手段功能的强调也超过前辈，但其核心问题仍是内在心性

---

❶ 朱熹：《四书章句集注·论语·颜渊》，上海古籍出版社，2006 年，第 180 页。
❷ 朱熹：《四书章句集注·论语·子路》，上海古籍出版社，2006 年，第 184 页。
❸ 朱熹：《四书章句集注·孟子·公孙丑》，上海古籍出版社，2006 年，第 305 页。
❹ 朱熹：《四书章句集注·孟子·离娄下》，上海古籍出版社，2006 年，第 376 页。

而不是关于外在事物的知识。如程颐讨论的"知"："知者，吾之所固有"❶，"致知在格物，非由外铄我也，我固有之也"❷。吾所固有的"知"是本心良知而非关于事物性质与规律的客观知识。而他所讲的"一物上有一理"，则是指散在万物之中的"天理"，人与物虽有主客之分，但物却不是纯粹认知对象意义上的物，因此"对一物穷致其理"并非探究事物的性质，而是体认其中万物统一的"天理"。❸朱子的格物说是对程颐思想的发展和完善，也强调心本有知，欲致心之知，必即物而求理，但知若是吾心之知，那么理自然也是吾心之理，所以朱子对"知"的解释与程颐并无区别："大凡道理，皆是我自有之物，非从外得。所谓知者，便是知得我底道理，非是以我之知去知彼道理也。"❹很显然，这里知得"我自有之物"与"我底道理"是指内在心性之理而非客观知识，因此，程朱只是开出外向求知的可能路径，其核心问题并不在外界知识。也因此，即便重视格物如朱熹，自然知识与技术也很难成为其"知"的主要内涵，即便朱子将"知识系统纳入儒学以道德为终极关怀的基本结构中"是十分值得重视的事件❺，但这一思想未被后学所传承也确与其非理学最终目的密切相关。

至于陆王一派，因为他们所求的"理"是道德原理，且主张"心即理"，致知只需内求，所以闻见之知就被彻底抛在一边了。如陆九渊认为："人皆有是心，心皆有是理，心即理也。所贵乎学者，为其欲穷此理，尽此心也。"❻心中的理便是宇宙的理，伦理的理，所以无需外求，只反求于吾心便可得。王阳明更是认为"夫物理不外吾心，外吾心而求物理，无物理矣"❼。吾心自有宇宙万理，只需将我的良知扩充至事事物物，便可获得

❶　程颢，程颐：《二程遗书十八》，上海古籍出版社，2000 年，第 373 页。

❷　程颢，程颐：《二程遗书十八》，上海古籍出版社，2000 年，第 374 页。

❸　金永植：《朱熹的自然哲学》，潘文国译，华东师范大学出版社，2003 年。

❹　朱熹：《朱子语类》，黎靖德编，王星贤点校，中华书局，1986 年，第 382 页。

❺　金观涛：《从"格物致知"到"科学""生产力"——知识体系和文化关系的思想史研究》，载《"中央研究院"近代史研究所集刊》，"中央研究院"近代史研究所，2004 年 12 月，第 105 - 157 页。

❻　陆九渊：《陆九渊集》，卷十一，中华书局，1980 年，第 149 页。

❼　王阳明：《传习录》，中州古籍出版社，2008 年，第 162 页。

圆满结果，无需外求。因此，陆子与阳明虽只是"超知识"而非"反知识"，但闻见之知在他们这一派确实被忽略了。闻见之知被抛，那么其所致之知也就只是纯然的德性之知了。对此，陆九渊有明确表达："良知之端，形于敬爱，扩而充之，圣哲之所以为圣哲也。先知者，知此而已，先觉者，觉此而已……所谓格物致知者，格此物，致此知也，故能明明德于天下。"❶ 这里的"致此知"即是致"吾心之知"，先天良知。王阳明亦把"知"视为"吾心良知"，"所谓格物致知者，致吾心之良知于事事物物也。吾心之良知即所谓天理也"❷。因此，虽然王阳明本人比较重视事功，但至其后学则因闻见之知与成就德性无关，便将其忽略，其后束书不观，空疏之风日盛。不但关于外在世界的知识被抛弃，就连儒者们惯于探究的德性之知也近荒疏，所以顾炎武才愤然指斥，"不习六艺之文，不考百王之典，不综当代之务，举夫子论学论政之大端一切不问，而曰一贯，曰无言，以明心见性之空言代修己治人之实学，股肱惰而万事荒，爪牙亡而四国乱。神州荡覆，宗社丘墟"❸。

（二）方以智对儒学知识内涵的重塑

作为一名具有强烈社会责任感和忧患意识，且主张以文化救世的儒家学者来说，方以智并非不重视德性之知，但鉴于当时理学末流过于重视"偏上之学"（德性之学，尤指只重视玄想思辨和静坐参悟的德行修养之学），空谈"明心见性"之风已使儒学发展之思想源泉枯竭，他不得不以求实际学问而救之，因而疾呼"欲挽虚窃，必重实学"。具体来说，他求实际学问的实践落脚于对自然知识与实用技术的关注和经典文献的考证。与之相应，其对知识内涵的重塑主要是将上述知识重新纳入学者研究领域中来。

---

❶ 陆九渊：《陆九渊集》，卷十九，中华书局，1980 年，第 238 页。
❷ 王阳明：《传习录》，中州古籍出版社，2008 年，第 168 页。
❸ 顾炎武：《日知录》，安徽大学出版社，2007 年，384 页。

首先，方以智对于为理学家所鄙薄的"技艺末务"类知识非常重视，将研究焦点集中在物理、技术与自然领域。❶ 一方面，在西方科学的对照下，方以智发现，传统学术中非常缺乏对自然事物与技术的研究，而西学中这类知识却是一门很重要的知识门类。因此，他认为儒者亦应把形而下的自然知识和技术看作一门专门学问，而不应只关注心性之学，更不应视探究自然奥妙为怪癖。他说："学有专门，未可执此以废彼也。人生而耳之目之，至平常矣。卒而问之，有奇于此身者乎? 有奇于天地间者乎? 倮而九窍，言语老少，无不同者，无一同者。星辰何以明，雷风何以作，动何以飞走，植何以荣枯，噫怪极矣?"❷ 另一方面，方以智认为实用技术也是上古时代圣人非常重视的关切民生日用的实际学问，后人应予以传承。"上古圣人，备物致用。炼金揉木，建宫室，造衣服。分干支，明岁月。立书契，定制度。使物各得其宜，而至化行焉。"❸ 后世圣人因担心人民的物欲太盛而重道德、兴教化，可后人却未能领会先圣用心，竟沉溺于"偏上"之学，而不知备物致用之学为何了，"今日文教明备，而穷理见性之家反不能详一物者，言及古者备物致用，物物而宜之之理，则又笑以为迂阔无益，是可笑耳"❹。也因此，方以智把对一切外在客观事物的研究划分为与对德性研究划分为并列的学问："考测天地之家，象数、律历、声音、医药之说，皆质之通者也，皆物理也。专言治教，则宰理也。专言通几，则所以为物之至理也。皆以通而通其质者也。"❺ 这是在儒学史上研究的"物理"第一次可以与研究伦理治教的"宰理"作为两种学问而并立。

虽然有学者指出，方以智在《通雅》"藏书删书"条的辑录计划依然

❶　W. J. Peterson：*Fang I - Chih*："*western learning and investigation of things*" *The unfolding of Neo - confucianism.*（De Bary, William Theodore, Conference on Seventeenth - Century Chinese Thought Bellagio, Italy），American Council of Learned Societies. Committee on Studies of Chinese Civilization. Columbia University Press，1975，p. 400.

❷　方以智：《物理小识》，商务印书馆，1937 年，第 2 页。

❸　方以智：《物理小识》，商务印书馆，1937 年，第 5 页。

❹　方以智：《物理小识》，商务印书馆，1937 年，第 5 页。

❺　方以智：《通雅》，上海古籍出版社，1988 年，第 65 页。

依据《隋志》"经、史、子、集"的框架，自然科学仅属子部一部分，但是他从所有知识中划分出研究自然事物的"物理"，且欲将"农书、医学、算测、工器"作为讲论"物理"类知识的典籍从传统知识类目中抽取出来归为一类，编作"格致全书"却是超越前代儒者的新思想。

　　除了对自然知识和实用技术的关注，方以智亦把文献考证知识看作一门与德性之知相并立的知识门类，"考证之门虽卑，非比性命可自悟也"❶。考证学始于两汉，但汉儒的考证工作尚为粗糙，而宋明理学又以讲论心性为主，经典文献的整理居于次要地位。如朱熹强调，圣人之道存于经典，文献考释是探寻义理的基础工作，但当他遇到文献真伪问题与义理相冲突时，宁可尊义理而弃文献考辨。例如他虽然不相信《古文尚书》尤其是《大禹谟》的真实性，却仍将"虞廷十六字"的地位空前抬高就是很好的例证。❷ 至于陆王一派，由于主张"知"的源头在内而非在外，所以欲穷理只需尽此心即可，因此，不但自然研究被忽略，经典研究也被排斥了。而方以智却以"坐集千古之智"的心态遍考古今文献，博学而会通之。一方面，人类知识在历史中不断发展积累，后来者应该继承前辈留下的知识财富，"古今以智相积，而我生其后。考古所以决今……生今之世，承诸圣之表章，经群英之辨难，我得以坐集千古之智，折中其间，岂不幸乎？"❸ 所以，"函雅故，通古今"整理古典文献就是学者的责任。❹ 另一方面，由于文献知识历经年代久远，需经考证、辩驳才可信。"上下古今数千年，文字屡变音亦屡变，学者相沿不考，所称音义，传讹而已。"❺ 但自汉以来，学者们对文献的解读多凭己意，舛误颇多："上古渺矣，汉承秦焚，儒以臆决。至郑许辈起，似为犁然。后世因以为典故闻道者，自立门庭，糟粕文字，不复及此。其能曼词者，又以其一得管见，洸洋自恣，

---

❶　方以智：《通雅》，上海古籍出版社，1988 年，第 6 页。
❷　赵刚：《论阎若璩"虞廷十六字"辨伪的客观意义——与余英时先生商榷》，《哲学研究》，1985 年第 4 期，第 23－31 页。
❸　方以智：《通雅》，上海古籍出版社，1988 年，第 2 页。
❹　方以智：《通雅》，上海古籍出版社，1988 年，第 3 页。
❺　方以智：《通雅》，上海古籍出版社，1988 年，第 3 页。

逃之虚空，何便于此？考究根极之士，乃错错然元本，不已苦乎？撽寔之病，固自不一，属书赡给，但取渔猎，训故专已，多半附会。"❶ 而且直至明季，考证学也仅为个别学者所重视。因此，方以智遍览群书，以扎实的文献知识和严谨的考证方法把考证学确立为一门严肃的学问门类。

由上可知，与前代儒者不同，方以智将自然知识与实用技术和对文献的考证视为重要的知识门类。这两方面的知识前者需要观测、实验与验证，后者强调在实证基础上获得结论，相对于主要依赖于直觉和思辨所得的德性之知，都属于客观性知识。因此，在反思与批判理学弊端和学习西方科学的过程中，方以智将这两类知识重新纳入儒学的研究范围，重塑了"知识"的内涵，为儒学开辟了重视形而下的客观知识的实学之路，也为明末清初实学思潮的发展注入了新鲜血液。

二、方以智关于知识性质的思考

强调知识的精确性与可验证性也是方以智与前代儒者的不同之处。前已有述，方氏曾系统阅读西学译著汇编《天学初函》，同时又有机会亲自向传教士学习，因此，在西方科学的比照下，他自觉考察了传统科学的缺陷并对知识的性质有了新的思考。

（一）对传统知识的反思

方以智受其师王宣启发，自二十岁开始编录《物理小识》，阅读了大量的博物学著作，对《山海经》《博物志》《物性志》等书的内容比较熟悉，因而对传统自然知识的缺陷有较深的认识。在《物理小识》和《通雅》中他对传统知识的批判主要有两点，一是很多知识未经实考实测，仅是臆断；二是对自然现象的很多认识与结论未经验证。前者如《山海经》对华夏地理空间的描述，《吕览》所载"四极"的边界及极内东西长度，

---

❶ 方以智：《通雅》，上海古籍出版社，1988 年，第 3 - 4 页。

《灵宪》所言"八极"之维，邹衍的"九大洲说"，都没有经过实地测量，只是推断。❶ 更令人不解的是，士人竟轻信和沿袭旧说而不予实地考察与修正，"世士不考，相传地浮水上，天包水外，谬矣。地形如胡桃肉，凸山凹海。自徐玄扈奏立历局，而崇祯历书今成矣。老父以学者从未实究"❷。直至南朝的《博物志》所载地理概念依然是夏禹时代的，"《河图》括地象曰：'地南北三亿三万五千五百里'"❸。后者如对金星、水星相位的观测问题："旧说金水在日天下日天上，皆无确据，若以相掩证之，则大光中无复可见，论其行度，三曜运旋，终古若一，两术皆穷，因知皆臆说也。"❹ 再如，传统的"星土分野说"亦没有确凿的证据，未得验证，"一行两戒之论，辨若悬河，以今直之，皆妄臆耳"❺。而西方的天文、地理知识却是实测实考而得，如西人用望远镜测得的金星、水星的相位就较为准确，"西国近以望远镜测太白，则有时晦，有时光满，有时为上下弦"❻。其实古代天文学等学科有重观测的传统，但因为其目的不在于探究自然奥秘，同时受观测设备的限制，所以很多天文知识的准确性实不能保证。

（二）方以智对知识性质的思考与实践

在反思传统知识缺陷的基础上，方以智强调知识应该具有精确性与可验证性，他称赞"西学质测颇精"即缘于此。首先，知识应是对事物的真实客观性描述，是通过实际考察得来的确定性知识。因此，他以"质测"命名自然科学，且在自己的研究中尽可能使知识精确。《物理小识》的很多条目都得自于他的实际观察。如对于"气"的形态与特征的总结，便是他日常观察所得，"世惟执形以为见，而气则微矣。然冬呵出口，其气如

---

❶ 方以智：《通雅》，上海古籍出版社，1988 年，第 594 页。
❷ 方以智：《物理小识》，商务印书馆，1937 年，第 18 页。
❸ 张华：《博物志》，载《文渊阁四库全书·子部》1047 卷，台湾"商务印书馆"，1982 年，第 576 页。
❹ 方以智：《物理小识》，商务印书馆，1937 年，第 20 页。
❺ 方以智：《通雅》，上海古籍出版社，1988 年，第 450－451 页
❻ 方以智：《物理小识》，商务印书馆，1937 年，第 20 页。

烟，人立日中，头上蒸敲，影腾在地，考钟伐鼓，窗棂之纸皆动，则气之为质，固可见也。充一切虚，贯一切实，更何疑焉"❶。《通雅》对动植物条目的许多记录与分析也建立在他的实际观察基础上，"伏牛，正今之虎刺也。生红实。雁宕至多。平西傜中有极大者（应是其避居岭南时所见）"。其次，方以智也强调知识的可验证性，"方氏学派的质测之学有一个显著的特点，即广泛采用实验来讨论和检验各种见解和观点"❷。如《物理小识》中对"光肥影瘦"的阐释，该实验是用两组小实验来进行的。一是，"屋漏小罅，日影如盘，尝以纸征之刺一小孔，使日穿照一石，适如其分也。手渐移而高，光渐大于石矣"。二是，"刺四五穴，就地照之，四五各为光影也。手渐移而高，光合为一，而四五穴之影不可复得矣。光常肥而影瘦也"❸。虽然已有学者证明这个实验其实仅是小孔成像实验，但方以智用以说明影之大小与光源关系的目的实已达到。再如，方以智也喜欢验证前人记录的自然现象或结论，如对于《博物志》记载的制造铅锡的方法，他就亲自实验，"《博物志》积草三年，后烧之津液下流，成铅锡。试之验"❹。除此，《物理小识》很多条目都附有"试之验"或"不验"的记录，方以智追求知识的可验证性由此可见一斑。也因此，方中通在该书"编录缘起"中才说"《山海经》《白泽图》，张华《博物志》，葛洪《抱朴子》，《本草采摭》，所言或无征，或试之不验，此贵质测，征其确然者"❺。而其好友王夫之亦赞其学问的实证特质："密翁与其公子为'质测'之学，诚学思兼致之实功，盖格物者即物以穷理，惟'质测'为得之。"❻

方以智对知识精确性与可验证性的重视并非仅指自然科学，而同样也适用于考证学领域，因为考证知识更需要"言必有据""据有所出"。首先，考证学的任务是辨析名物，考古决今，因此证据最重要。一是考证名

---

❶　方以智：《物理小识》，商务印书馆，1937 年，第 3 页。
❷　尚智丛：《明末清初的格物穷理之学》，四川教育出版社，2003，第 269 页。
❸　方以智：《物理小识》，商务印书馆，1937 年，第 24 页。
❹　方以智：《物理小识》，商务印书馆，1937 年，第 168 页。
❺　方以智：《物理小识》，商务印书馆，1937 年，第 1 页。
❻　王夫之：《搔首问·船山全书》第 12 册，岳麓书社，1996 年，第 637 页。

物须有可靠证据，"必博学积久，待征乃决"❶。二是反驳他人也须依赖证据，"智每驳定前人，必不敢以无证妄说"❷。其次，方以智还强调"据有所出"，即注明征引文献的重要性。"古人仿尔雅体，若广坤之类，皆与方言释名，同规不载所出，直是以意取《玉篇》之字耳，无益后学。"❸《通雅》所用文献都注明原典出处，"此书必引出何书、旧何训、何人辨之。今辨其所辨，或折衷谁是或存疑俟考，便后者之"❹。也因此，四库馆臣对方以智的考证学成就给予了高度评价是，"考据精核""穷源遡委""词必有征"❺，这都得益于他对知识之精确性与可验证性的追求。

三、方以智对知识地位的提高

前已有述，方以智并非不重视德性修养，但对于经历明末儒学衰颓而迫切以实际学问来挽救儒学的他来说，知识与智性也同样重要。因此，方以智一改儒家"仁统一切"的传统，强调学问求知与德性践履具有同等地位，极大提高了知识的地位。

方以智认为学问知识与德性修养具有同等地位，主张学问与修行相伴而行。"真大悟人以学问为事"，"读书安分，是真修行"❻。如此，"立诚"与"养知"应相辅相行，"但知知解起处，即用知解为俦侣"❼。也就是说，既然认识和理解了学问知识的重要性，就应将其视为德性修养的重要伴侣，立诚的同时必须养知。之所以如此，是因为学以养性。"天在地中，性在学问中"，此句虽似仍以心性修养为目的，但学问知识确已有了不可或缺的基础性的地位。由于重视学问知识，所以人的智性便显得尤为尊

❶ 方以智：《通雅》，上海古籍出版社，1988年，第6页。
❷ 方以智：《通雅》，上海古籍出版社，1988年，第6页。
❸ 方以智：《通雅》，上海古籍出版社，1988年，第5页。
❹ 方以智：《通雅》，上海古籍出版社，1988年，第5页。
❺ 纪昀：《四库全书·通雅提要》第857卷，台湾"商务印书馆"，1982。
❻ 方以智：《东西均》，庞朴注，中华书局，2001年，第187页。
❼ 方以智：《东西均》，庞朴注，中华书局，2001年，第184页。

贵："乾知大始，三德首知，知譬则巧，知天、知命，大明终始，通昼夜而知此。天地间惟此灵明、至尊至贵。"❶ 方以智认为，在仁、知（智）、勇三德性中，知（智）居于统领三德的地位，由此可知，沿着批判王学空疏之弊，倡导为学就实的方向是很容易使人走向智识主义的。

为倡导为学就实，方以智指出重视学问知识本是儒家传统，自上古伏羲制器尚象至孔子删述六经，从未中断。"上古穷理尽性，俯仰远近皆其书也。"❷《易经》"大畜卦"也讲多识前言往行以蓄其德。但王门弟子忘记传统，不懂得孔子整理古人典籍正是其成圣途径，"诗书礼乐即圣人之正寂灭道场也"❸。实际上，读书问学在儒门学说中有重要地位，孔子坚守"一贯之道"，但他也标榜自己"默而识之，学而不厌"，所以方以智说圣人以诗书礼乐教化人，"好学不厌，统御万世者，此圣人之所以光大中正也"❹。除此，方以智亦以朱子和陆子为例指出前代大儒皆重视读书求知。如朱子就认为"力行而不学文，则无以考圣贤之成法，识理事之当然"，因此教人"文行相须兼到"，学习经典和德性修炼兼备。❺ 而陆子其实也不废读书："陆象山亦指束书不观、游谈无根之病。张子韶曰：'久不以古今灌溉胸次，试引镜自照，面目必可憎，对人亦语言无味。'二先生甚言书之不可束也。世议以为落空，非也。"❻ 也因此，方以智常以佛教"开眼之盐酱"即开启智慧之眼的关键比喻学问的重要性。

除了强调学问总体的重要性，方以智还重新阐释了"道""艺"关系，指出为儒家所鄙弃的形而下的实际知识的重要性，以校正王学"扫物尊心"之弊。"知道寓于艺者，艺外之无道，犹道外之无艺也"❼，"道"存

❶ 方以智：《一贯问答》，庞朴注，载《儒林》第一辑，山东大学出版社，2005 年，第 276 页。
❷ 方以智：《东西均》，庞朴注，中华书局，2001 年，第 185 页。
❸ 方以智：《东西均》，庞朴注，中华书局，2001 年，第 179 页。
❹ 方以智：《通雅》，上海古籍出版社，1988 年，第 33 页。
❺ 方以智：《青原志略》，华夏出版社，2012 年，第 78 页。
❻ 方以智：《青原志略》，华夏出版社，2012 年，第 79 页。
❼ 方以智：《东西均》，庞朴注，中华书局，2001 年，第 178 页。

在于一切形而下的技艺之中，因此，"道""艺"并重。就存在地位而言，"道与艺"乃"火与薪"的关系，"天载于地，火丽于薪，以物观物，即以道观道也。火固烈于薪，欲绝物以存心，尤绝薪而举火也"❶。即道与艺相互依存、不分轩轾。就深层逻辑关系而言，二者乃相互包含的关系，"知道寓于艺者，艺外之无道，犹道外之无艺也"，"成能皆艺；而所以能者，道也"❷。也就是说，道就存在于一切学问技艺之中，没有离开"艺"的"道"，犹如没有离开"道"的"艺"。因此，那些"鞭扫日星理数之学"（自然知识与技术）的理学家乃借玄谈以遮掩自己的鄙陋。儒家一贯主张"道本艺末"，轻视技艺层面的知识，因而"道"的发展最终因失去外在刺激而丧失活力。而方以智从批判王学空疏之弊的过程中发现了理学偏重形上之弊端，"宋儒惟守宰理，至于考索物理时制，不达其实"❸。强调"道寓于艺"显然是对儒学"道本艺末"观念的颠覆。

一旦知识有了同德性相辅相行的地位，一旦"艺"有了不可或缺的地位，知识的内在价值以及经验科学独立发展的可能性便呼之欲出了。由此可知，方以智从儒学传统、道艺关系的论述，是沿着实学之路为在儒学框架内发展出知识之独立价值的开端。方以智对知识地位的提升首先是其反思王学末流乃至整个理学的空疏学风的结果，但西方科学的刺激亦是一个重要因素，因为在中西学的对比中，方以智发现了儒学轻视自然知识与技术弊端。由此，儒学由蹈虚向致实转变的一个重要且关键的途径与方法就是重视知识，尤其是形而下的知识。亦可肯定，耶稣会士带来的西方科学使力求以实学救世的儒家学者有了可资比较与利用的文化资源和可以吸收新知识。

综上可知，方以智对知识的内涵、性质以及地位的理解都有超越于传统儒家的新思想与新观点。他对知识的理解不但越出了儒家伦理传统的藩

---

❶　方以智：《东西均》，庞朴注，中华书局，2001 年，第 172 页。

❷　方以智：《东西均》，庞朴注，中华书局，2001 年，第 179 页。

❸　方以智：《通雅》，上海古籍出版社，1988 年，第 3 页。

篱，而且也突破了传统学术的经史范围，尤其是方氏对知识的重视在当时可谓"空谷足音"，这也是方以智的实学思想迥异于明末清初倡导实学的儒者们之特色。

四、方以智知识观点变化的西学因素

事物的变化往往由多种因素促成，方以智知识观点的变化也不例外，对王学的反思与批判、西方科学的刺激都是其重要原因。其中前者作为明末清初士人倡导崇实黜虚的普遍思考，学者们已有较多研究，在此我们主要分析西方科学对方以智知识观点的影响与刺激。

首先，耶稣会士带来的西方科学书籍虽然只包含部分近代科学，而且有些知识还与神学理论掺杂在一起，但西方科学的系统性、精确性、新颖与丰富却使方以智眼界大开，并使其对知识内涵的理解也发生了重要变化。一是，西方科学是系统的。方以智居南京期间得到李之藻编辑的《天学初函》《西儒耳目资》等西书，他虽自言"多所不解"，但对于《西学凡》《职方外记》《泰西水法》《浑盖通宪图说》《表度说》《天问略》等译著应没有理解上的困难；在北京期间他又得与汤若望相交，受其亲自指导，想必对西学知识的了解与掌握会大有进步。可以推想，通过《西学凡》这一介绍西欧大学所授各科之纲要的西学入门书籍以及其他科学类译著，方以智不但能了解西方教育的分科与过程，也能大体认识到西方科学的知识结构及其分门别类的系统性，这与中国传统经、史、子、集四部之学的学科分类系统与知识结构是迥然不同的。因此，尽管方以智在在《通雅》"藏书、删书类略"中仍以四部之学为知识分类框架，但他毕竟把"农书、医学、测算、工器"当作格致全书❶，而且认为这类知识"都是实务"，即都属实学范畴，要"各存专家"。也就是说，他不仅把科学技术看作独立的知识分类，还把其作为可以补益儒学之缺的重要实学门类。二

---

❶　方以智：《通雅》，上海古籍出版社，1988 年，第 40 页。

是，西方科学也是精确的，如他认为天有九重说"实核于利西江"❶，而地圆说亦有利玛窦泛海经历之实际证明。相反中国学人对于地体形状的旧说却"从未实究"❷，对五星六曜运行的轨道与规律的说法也多臆说而"无确据"。❸ 而这样一种对知识精确性的追求恰是改造理学空疏学风所需要的。三是，耶稣会士带来的科学知识对方以智等中国学者来说也是新颖的，既有中学所无，也有中学所不及者，对此方以智不无慨叹，"（西方生理学知识）皆灵素所未发"❹，"（南极诸星图）补开辟所未有"❺。所以，他在自己的著作中对西洋新知不但有直接引用，亦有创造性吸收和试图会通中西的工作，比如上节我们分析的以中证西或以西证中的例子，最终使西学融汇于中学的框架之内。四是，西方科学也是丰富的。方以智在他所研读的二百多卷书籍中发现了一个具有丰富的事实和理论的知识库，天文、数学、地舆、生理、医药、生物、机械、工程等包含多种门类，这是他遍览经史、寻访江南诸藏书家都未曾发现的。❻ 因此，西方科学的系统、精确、新鲜与丰富使他对知识内涵的理解也发生了变化。一方面，方以智把关于物理世界的所有知识都作为重要的知识门类，而非仅局限于德性之知。比如，与同样究心于考证实学的顾炎武来说，顾氏对"知"的理解即仍局限于"德性之知"，"致知乃止于至善，为人君，止于敬；为人臣，止于忠；为人父……"，而以为致知为多识草木鸟兽"则末矣"。❼ 另一方面，方以智考证学的范围与对象也超出了儒者一贯的经史文献与人伦事物。如仍与顾炎武相比，顾氏的考证学主要在人事方面，倾向于对历史治乱的研究，而方以智的考证学巨著《通雅》虽同样重视典章制度，但自然科学方面的

---

❶ 方以智：《通雅》，上海古籍出版社，1988 年，第 437 页。
❷ 方以智：《物理小识》，商务印书馆，1937 年，第 19 页。
❸ 方以智：《物理小识》，商务印书馆，1937 年，第 20 页。
❹ 方以智：《物理小识》，商务印书馆，1937 年，第 74 页。
❺ 方以智：《通雅》，上海古籍出版社，1988 年，第 451 页。
❻ Willard J. Peterson：*From Interest to Indifference：Fang I – chih and Western Learning*，*Ch'ing – shih wen – t'i*，Volume 3，Number 5，November 1976，pp. 72 – 85.
❼ 顾炎武：《日知录》，安徽大学出版社，2007 年，第 355 页。

内容却达百分之六十以上。

其次，西方科学的实用与有效亦引发了方以智对自然知识与技术等客观知识之地位的思考。通过研读西书与受教于西士，方以智不但认识到西方科学系统、精确的特征，亦对西学的实用性和有效性有所了解，而通过他自己对西方天文仪器及其他器械的使用使他认识更加深刻。如他曾直言汤若望进呈的《坤舆格致》一书的采矿分五金技术非常有效，"工省而利多"❶，因此对其利于国计民生的实用性是肯定的。他本人在汤若望的指导下用望远镜进行过天文观测，所以他对西方当时的天文观测成果非常信任，"西学以远镜测，皆细星"。另，方中通亦提及用简平仪观测天星的情况，"以简平仪测天星，每二百五十里差一度"❷。此外，徐光启、李之藻、王徵等西学派人士在西学译著序跋中对西学之实用品质的评价亦间接影响到方以智。如李之藻认为西学诸书"皆有资实学，有裨世用"❸，周子愚在《表度说》序中亦认为西学"精实，可以补本典所无"，只要"尽传其书"就可"裨履端考正之功，而佐我国家勤政爱民之政"❹。徐光启对耶稣会士传入的数学实用性的评价更非一般学问可比。"《几何原本》者，度数之宗，所以穷方圆平直之情，尽规矩准绳之用也。…… 有显入微，从疑得信，盖不用为用，众用所基，真可谓万象之形囿，百家之学海。……是书也，以当百家之用，庶几有羲和、般墨其人乎，犹其小者，有大用于此，将以习人之灵才，令细而确也。"❺ 因此，方以智对自然知识以及实用技术的价值与地位亦是十分肯定，甚至将其提升至与德性修养之学同等的地位，"制欲消心之言，与备物致用之学，亦是两端，偏废皆病"❻；"有质论者，有推论者，不可偏重而废一论"❼。

---

❶ 方以智：《物理小识》，商务印书馆，1937 年，第 170 页。
❷ 方以智：《物理小识》，商务印书馆，1937 年，第 19 页。
❸ 徐宗泽：《明清间耶稣会士译著提要》，上海书店出版社，2006 年，第 195 页。
❹ 徐宗泽：《明清间耶稣会士译著提要》，上海书店出版社，2006 年，第 217 页。
❺ 徐宗泽：《明清间耶稣会士译著提要》，上海书店出版社，2006 年，第 197 页。
❻ 方以智：《青原志略》，华夏出版社，2012 年，第 84 页。
❼ 方以智：《东西均》，庞朴注，中华书局，2001 年，第 217 页。

　　总之，方以智知识观点的变化虽始于其反思王学末流乃至整个理学的空疏学风，与探寻崇实黜虚的学术之路有关，但西方科学的刺激亦是一个非常重要的因素，因为在中西学的对比中，方以智发现了不仅是王学或整个理学同时也是历代儒学的一个弊端——对自然知识与技术的轻视，以至于对整个知识问题的不重视。因此，儒学由"蹈虚"向"致实"转变的一个重要且关键的途径与方法就是重视知识，尤其是形而下的知识。由此亦可肯定，耶稣会士带来的西方科学使力求以实学救世的儒家学者，有了一个可资比较与可资利用文化模式。由此，学者们可以在学习儒家经典之外，接触并吸收新的知识和观点，并以之为改造儒学的有益资源。

西方科学与方以智研究方法的改进

第一节　方以智对西方科学方法的认识与评价

西方科学不仅在知识层面吸引着中国学者，其严谨的实证性方法也被许多儒家学者视为可供借鉴的方法典范。对方以智来说，西方科学重实测、重验证的方法不仅可以救正传统科学不重实考的弊病，更是改造儒学虚浮衰颓之风的良方妙药。

一、赞西方科学方法之精

方以智对西方科学实证方法的认识是多方面的，因此对其观测仪器的精良，对证据的重视以及数学方法的精确性都是非常赞赏的。

（一）观测仪器精良，观测较为准确

通过阅读西书和求教于耶稣会士，方以智发现西方科学的精确性来自于其观测仪器的精良，因为科学的观测仪器才能够保证观测结果与验证结论的正确性。前已有述，方以智读过的西书达二百多卷，因此对西方的观

测仪器也有较多了解。如《天学初函》中的《浑盖通宪图说》《简平仪说》《表度说》，《格致草》中的《浑仪图说》《平仪图说》《测高象限悬仪》都有对这些仪器的结构、功能与使用方法较详细的说明，渴求新知的方以智一定会详加研读，因此应该会了解这些仪器的使用方法及使用效果。再如，因与汤若望交往密切，所以方以智对《远镜说》也比较熟悉，《通雅》器用类有对望远镜的记录："西洋有千里镜，磨玻璃为之，以长筒窥之，可见数十里。"❶《物理小识》则有"以简平仪测天星，每二百五十里差一度（证地为圆体）"❷。此外，他还提及地球仪、自鸣钟等西洋器械。

因为方以智对西方先进的观测仪器比较了解，所以对其新近的观测成果也比较信赖，如对金星相位的观测。他认为旧说金水在日天下、日天上，"皆无确据"，而"西国近以望远镜测太白，则有时晦，有时光满，有时为上下弦，计太白附日，而行远时仅得象限之半，与月异理。因望时在日上故光满，而体微时在日下，则晦，在旁，故为上下弦也"❸。再如，他对当时欧洲人利用伽利略的高倍天文望远镜观察到的"黑子"也有介绍："日中黑子盖恒有之，或见或不见。太白有二黑子，填星有四黑子，旋转其上，其晕而为黑子者，则光所荡也。"❹《通雅》对"云汉"的注释也引用了西方最新的观测成果："云汉，细星之光也……西学以窥天镜窥之，皆为至细之星，如郎位旄头，而微望之则若河耳。智来岭表数年，又见一奇事，河汉以十月收，以二月见天下，皆然；而岭表腊月晴暖之夜，仍见河汉，总不收隐，此从古无人道破者。今西图增入微星，又测觜入参度四十分，皆前所未有。"同时，他还引《夏小正》《埤雅》、杨泉的《物理论》等对天汉的解释与之相较，并批判《博物志》的"天河说"："'天河与海通，浮槎见织女，归访君平'乃寓言耳。"❺

————————————

❶ 方以智：《通雅》，上海古籍出版社，1988 年，第 1052 页。
❷ 方以智：《物理小识》，商务印书馆，1937 年，第 19 页。
❸ 方以智：《物理小识》，商务印书馆，1937 年，第 20 页。
❹ 方以智：《物理小识》，商务印书馆，1937 年，第 38 页。
❺ 方以智：《通雅》，上海古籍出版社，1988 年，第 440 页。

（二）重验证，重证据

方以智对西方科学重验证、重证据的原则与方法也非常赞赏。如他接受地圆说的重要原因是该说能够为天文观测和利氏的亲身经验所验证："地与海本是圆形，而同为一球，居天球之中，如鸡卵黄在青内。有谓地为方者，乃语其定而不移之性，非语其形体也。天既包地，则二极、周度、纬度、赤道皆相应。但天包地为甚大，其度广；地处天中为甚小，其度狭。直行北方二百五十里，北极出，高一度，足征地形果圆。周九万里，厚二万八千六百三十六里零三十六丈，上下四傍皆生齿，居如蚁之游，大气鼓之，各以足所履为下首，所向为上。利公自太西浮海入中国，至昼夜平线，见南北二极皆平转，南过大浪山，见南极出地三十二度，则大浪与中国正对矣。"❶ 这里不但有简平仪所测不同纬度北极出地度数不同的观测证据，也有利氏海上航行的经历验证，所以，他才对地圆说深信不疑。而他之所以敢以西学"银河为环绕天球的细星之光"批判《夏小正》《埤雅》《物理论》《博物志》的"天汉说"是因为其有远镜测得结果为证。此外，他认为西历比中历精确的主要原因是西历多经测改，因而对于天道运行的差变能随时测定，对数据的记录更接近于日月实际的运行情况，而中历则"自张氏至今千余年人未问及，测步不合，委之失行，何以西历推其经纬更真于日月邪"❷。与此同时，西人对未经实测或验证知识的审慎态度亦为方以智所重："曰墨瓦腊泥加，尽在南方，惟见南极出地而北极常藏焉，其界未审何如，故不敢订之，惟知其北边与大小爪哇及墨瓦腊泥峡为境。"❸ 因此，泛览西书的方以智对西方科学之重验证、重证据的特征认识是深刻的，受其影响也是非常大的。

---

❶ 方以智：《通雅》，上海古籍出版社，1988 年，第 990 页。

❷ 方以智：《通雅》，上海古籍出版社，1988 年，第 449 页。

❸ 方以智：《通雅》，上海古籍出版社，1988 年，第 594 页。

（三）西方数学方法的先进性

除了实测、实证，数学方法的精密也是西方科学优于传统科学的一个重要原因，这是在方以智对中西科学进行比较之后所得的又一结论。

一方面，对于《天学初函》中的数学与天文著作，方以智虽在学习上有困难，"多所不解"，但通过徐光启、李之藻等人在译著序跋中的介绍与评价他依然能对西方数学有大致的了解与认识。如徐光启对《几何原本》的评价与作用的介绍："《几何原本》者，度数之宗，所以穷方圆平直之情，尽规矩准绳之用也…… 由显入微，从疑得信，盖不用为用，众用所基，真可谓万象之形囿，百家之学海"❶，"几何家者，专察物之分限者也，其分者若截以为数则显物几何众也，若完以为度则指物几何大也，其数与度或脱于物体而空论之，则数者立算法家，度者立量法家也……立律吕家，议度者如在动天迭运为时而立天文历家也"❷。虽然由于学习的困难或者他自己的兴趣点并不在此，方以智在自己的著作中几乎未曾引用《几何原本》及其他数学译著的内容，但由他遣中通向穆尼阁学习数学可以推知他对西方数学的重视，而且方中通本人对西方算数与几何学皆有浓厚兴趣也与方以智的影响有密切关系。"通少好三式家言，先君因命之精象数，始从穆先生游，学乘除历算，略知梗概。"❸ 又，中通在其数学百科全书式著作《数度衍》中将《几何原本》的内容置于卷首部分，可见他对西方数学尤其是《几何原本》的重视程度，且其在序言中称"西学莫精于象数，象数莫精于几何"❹，可知他对西方数学认识的深度。

另一方面，对于西方历法中所用到的数学方法方以智了解得更多一些。首先，方以智对西书天文历算方面的内容特别重视，无论是他较早接

---

❶ 徐宗泽：《明清间耶稣会士译著提要》，上海书店，2006 年，第 199 页。
❷ 徐宗泽：《明清间耶稣会士译著提要》，上海书店，2006 年，第 197 页。
❸ 方中通：《与梅定久书》，载张永堂《明末方氏学派研究初编·附录》，台湾学生书局，1987 年，第 256 页。
❹ 方中通：《数度衍》，载《文渊阁四库全书·子部》，台湾"商务印书馆"，1982 年，序言第 1 页。

触过的《则草》《格致草》《乾坤体仪》《天问略》等，还是他在《通雅》中多次引用过的《天步真原》，他都认真研读，因此对其中的数学方法有较多了解且印象深刻。如《格致草》的割圆八线表全图："割圆八线表，即《大测》表也。其数之多，用之广，于测量中百法皆为第一。用法与分图之形，不可胜纪，悉从此变化而神明之耳……其正余玄矢，截方为之；正余割切线，则直射以切于方圆之间，加减乘除，既得所测真数矣。"❶ 再如，《天步真原》所列的球面三角与平面三角方面的数学知识他也应比较熟悉。基于对西法数学方法的了解，方以智在比较中西历之岁差与置润的优劣时才将西方三角对数法的精确性视为西历优于中历的重要原因，"法更立正玄、余玄、正切、余切、正割、余割等线，始以三角对数法为测量新义"，"今之法密于古矣"❷。

由上可知，方以智对西方数学方法的精确性与先进性是非常关注的，并认为这是西方科学优于传统科学的重要原因。因此，他本人也很关注国内学者的数学研究，有一例可证，即直到 1671 年春初，也就是其在惶恐滩头自沉的前几个月，他还曾寄书给梅文鼎，问其能否将最新的数学著作寄给他一阅。❸

二、批传统学术研究方法之简陋

在西方科学的对照下，方以智也发现了中国传统学术的缺陷：缺乏凿实的精神以及与之相应的实证方法。

（一）传统科学研究方法的缺陷

中国传统科学并非不注重实测，相反，观测与观察也是古人做出科学

---

❶ 熊明遇：《格致草》（函宇通本），载《中国科学技术史典籍通汇》（天文卷），河南教育出版社，1993 年，第 6－91 页。

❷ 方以智：《通雅》，上海古籍出版社，1988 年，第 446－448 页。

❸ 任道斌：《方以智年谱》，安徽教育出版社，1982 年，第 267 页。

发现的基础。如在天文观测方面，古代中国人曾有过辉煌的成果，祖冲之在大明五年（461）测得 10 月 10 日、11 月 25 日、11 月 26 日的日影长度就精确至小数点后第 4 位，由此推定出的冬至时刻也非常准确。而且古代中国的天文观测仪器也曾达到很高的精度，如元代郭守敬的简仪就是当时世界上最先进的观天仪器。其他科学门类也有重视观察与实际考察的优良传统，如医学、农学，很多知识都是人们对动植物或地理现象的观察或亲身经验所得。但是，一方面，这些优良传统主要是存在于天文、医学、农业、技术等被称作"大一统"技术的四大领域，对这些领域之外的知识却缺乏这种严谨、精益求精的态度，其方法比较粗陋，不予实考、主观臆断、妄下结论的情况始终存在。另一方面，自然科学始终不为儒家所重视，因此对研究自然事物的方法也不会做专门的研究，祖冲之、沈括等科学家实是凤毛麟角，"越百载一人焉，或二三百载一人焉"❶。而西方则是"五千年来，通国之曹俊聚而研究之，窥测既核，研究即审，与吾中国数百年来始得一人"❷ 相差甚远。徐光启、李之藻等都有过此种感慨。所以，在系统、精确的西方科学对照下，方以智也真切体会到传统科学方法的简陋。

一是，不擅实际考察，好以臆测作推断。如对世界地理的总体认识及国家与区域的分布，古老的《山海经》对华夏地理空间的描述是大致推断。此外，《吕览》所载"四极"的边界及极内东西长度，《灵宪》所言"八极"之维亦未经过有效的测量。"《吕览》曰：东至开梧，南抚多类，西服寿靡，北怀儋耳。四极内，东西五亿有九万七千里。南北亦然。《尸子》曰：有君长者，东西二万八千里，南北二万六千里。张平子《灵宪》云：八极之维，径二亿三万二千三百里，南北则短减千里，此非立圆也。"❸ 邹衍的"九大州说"，也是"悬臆耳。"❹ 直至魏晋时的《博物志》

❶ 徐宗泽：《明清间耶稣会士译著提要》，上海书店，2006 年，第 208 页。
❷ 徐宗泽：《明清间耶稣会士译著提要》，上海书店，2006 年，第 195 页。
❸ 方以智：《通雅》，上海古籍出版社，1988 年，第 594 页。
❹ 方以智：《通雅》，上海古籍出版社，1988 年，第 594 页。

仍沿袭夏禹时代的地理概念，亦未有人去做实地考察与测量。"《河图》括
地象曰：'地南北三亿三万五千五百里。'"❶ 因此，方以智批判士人轻信旧
说不予实考："世士不考，相传地浮水上天包水外谬矣。地形如胡桃肉凸
山凹海，自徐玄扈奏立历局而崇祯历书今成矣。老父以学者从未实究，故
作崇祯历书约。"❷ 而西方的地理空间却是经实考实测而得之，可以为我所
用，即抛弃古老的"四极说"与"四荒说"，而代之以地球五大洲说。

二是，对自然现象所做结论不重证据，亦不重验证。古代科学虽有重
观测的传统，但因为其目的不在于探究自然的奥秘，加之观测仪器的限
制，所以很难保证对天象考察与记录的准确性，妄下论断时有发生。如对
金星、水星的相位问题："月地近地能掩日，五星六曜有时掩，恒星远者
迟近者速也。旧说金水在日天下日天上皆无确据，若以相掩证之，则大光
中无复可见，论其行度，三曜运旋，终古若一，两术皆穷，因知皆臆说
也。"❸ 而西国却有先进的观测仪器——望远镜测得的确凿的相位情况：
"西国近以望远镜测太白，则有时晦，有时光满，有时为上下弦，计太白
附日，而行远时仅得象限之半，与月异理。"这里西方科学实测方法的准
确性与传统科学不重证据的缺点形成鲜明对比。再如，隋唐志书所载一行
的"星土分野说"虽十分详细，但该说的提出并没有确凿的证据，而之后
也未经验证。受利玛窦传入的"南极诸星图"的启发，方以智从天地之动
静、大小、所对应区域之广狭等三方面的矛盾指出该说难以成立，并对其
予以批判："一行两戒之论，辩若悬河，以今直之，皆妄臆耳其。"❹ 此外，
对于当时学界评价甚高的《本草纲目》中多处未经核实与验证的药物和药
方，方以智也一一指出，如《本草》记常服柔金可以长寿："（柔金），
《本草》谓久服长生，妄也。塞窍留尸，与灌汞同。"❺ 方中通之所以敢批

---

❶ 张华：《博物志》，载《文渊阁四库全书·子部》，台湾"商务印书馆"，1982 年，第 576
页。
❷ 方以智：《物理小识》，商务印书馆，1937 年，第 18 页。
❸ 方以智：《物理小识》，商务印书馆，1937 年，第 20 页。
❹ 方以智：《通雅》，上海古籍出版社，1988 年，第 450－451 页。
❺ 方以智：《物理小识》，商务印书馆，1937 年，第 20 页。

《本草》"所言或无征，或试之不验"，亦源于此。❶

因此，方以智慨叹儒者的蹈空逃虚不仅在于他们不务实学，还在于其学问方法的不着实际："核实难，逃虚易，洸洋之流实不能知其故，故吹影镂空以为恢奇，其言象数者，类流小术，支离附会，未核其真，又宜其生厌也。"❷

（二）传统考证学方法的缺陷

方以智不仅指出传统科学研究方法的缺陷，亦指出以往考证方法的不严谨，"汉儒解经，多类臆说；宋儒惟守宰理，至于考索物理时制，不达其实，半依前人"。其原因在于秦时焚书使得汉儒无所依凭，因而造成以己意臆断、不重证据、不善推原悉委的习惯。后世学者，要么不关注此业，要么关注却多附会："上古渺矣，汉承秦焚，儒以臆决。至郑许辈起，似为犁然。后世，因以为典故闻道者，自立门庭，糟粕文字，不复及此。其能曼词者，又以其一得管见，洸洋自恣，逃之虚空，何便于此？考究根极之士，乃错错然元本，不已苦乎？摭实之病，固自不一，属书赡给，但取渔猎，训故专己，多半傅会。"❸ 而且古书质量亦参差不齐："古人称引，略得其概，则以意措辞。'予乘四载'，孔注、《尸子》《淮南》《史》《汉》各异。"❹ 东汉大学者许慎著的《说文解字》就有许多穿凿无据之处。如"肃"的解释，《说文》把"肃"字拆解为两个部分，并解释为"战兢也"。方以智认为很牵强。他说："按啸、嘨、萧、鯛皆以肃为声。《诗》：'条其嘨矣'。"所以，萧与肃实同声，肃转平声则合也。因此，才老以箫、萧、嘨皆音肃。他又加按语说："陆本'条其嘨矣'即啸。师甸：'共萧茅'。郑大夫云：'肃字或为茜，茜读为缩，缩酒也。'可证。"这里方以智判定许慎拆解"肃"为两部分为错误的依据是，因为肃字没有在经、传中

❶ 方以智：《物理小识》，商务印书馆，1937 年，编录缘起。
❷ 方以智：《物理小识》，商务印书馆，1937 年，第 1 页。
❸ 方以智：《物理小识》，商务印书馆，1937 年，第 18 页。
❹ 方以智：《通雅》，上海古籍出版社，1988 年，第 11 页。

出现过，另附陆文裕与师旬的解释为旁征以佐证自己的判断。《说文》类似的例子还有很多，所以他认为该书"解字立义，更多牵强"❶。被誉为"五经无双"的大师尚有此缺陷，后来学者亦多不重证据者，"至孙、徐之妄析造音，尤不知所据矣"❷。因此，在西方科学实证精神的启发下，方以智对传统学术予以深刻的反思，并提出了自己独到的见解与解决方法。

第二节　方以智的"质测"之法

方以智的父亲曾提出"质论"与"通论"的概念，受其影响，方以智又进一步对研究科学与探究哲学的方法做了区分，即以实考实测为基础考察物理的"质测"方法与凭借体会、思辨把握事物普遍之至理的"通几"方法，其中"质测"方法的提出既有传统方法的根基又增加了西方科学的实证因素，是"合儒学的'格致'与西学的'观察实验'于一语"。❸

一、"质测"方法的内涵与特征

"物有其故，实考究之，大而元会，小而草木虫蠕，类其性情，征其好恶，推其常变，是曰质测。"由这段描述可知，质测方法的主要步骤应包括如下几部分：一是"实考"，即对自然事物的实际观察、观测。二是"类其性情"，是说按照自然事物固有的特点与情况予以分类、比较，求其质理或曰物理。三是征其好恶，是将通过分类、比较所得的质理或曰物理加以比照验证。四是推其常变，是指对于比照验证后的结论还需继续观察，推求其在常态下的变化发展情况。

---

❶　方以智：《通雅》，上海古籍出版社，1988 年，第 15 页。
❷　方以智：《通雅》，上海古籍出版社，1988 年，第 15 页。
❸　董光璧：《易科学史纲》，武汉大学出版社，1993 年，第 245 页。

对于方以智的"质测"方法，蒋国宝教授曾把它与培根提出的归纳法相比较，认为二者在思想倾向上是一致的，方法论上也是基本吻合的，并认为"质测"与"通几"方法相结合，"为中国哲学的近代启蒙提供了完备的新工具"❶。这一评价虽有过誉之嫌，但就"质测"方法来说，确实包含了近代经验主义认识论的理性成分。首先，质测方法具有明显的经验主义认识论倾向。"质测"强调对事物的实际观察、观测、测量，即"实考究之"，这的确与近现代科学认知强调认识须从感觉经验开始具有一致性，而与心学"心即理也"的主观主义认识论分道扬镳，同时也是对朱子格物之暧昧情况的矫正。因为朱子的格物并未将物与事、物与心分开，也未给出具体方法，而方以智虽有时也将物与事混一，也讲"舍心无物，舍物无心，"但是，从认识论的角度，他对物与事、心与物是有区分的，"物以形体言，事以作为言"❷；"苟不明两间实际，则物既惑我，而析物扫物者又惑我"❸。其次，质测方法亦增加了近代认识论的理性因素。尽管质测方法所运用的分类、比较、验证、推论虽仍含有直观成分，但其中的归纳成分以及"推而至于不可知"的推论成分却是极富理性主义精神的，因此比之以往的观察与实测方法实有巨大进步。

二、"质测"方法的西学因素

方以智"质测"方法的提出有其家传因素的影响，但得自西方科学之启发亦为不少，这一点，是持明清之际学术转向之内在理论者也予以承认的。如余英时先生就指出，"密之据质测而言通几，亦自有本土之根蘖，恐不能全由西学输入之一端解之也"❹。这里"不能全由西学输入之一端解之"的前提是承认西学对方以智的影响。在此，我们试图从实测、实验等

---

❶ 蒋国保：《方以智和明清哲学研究》，黄山书社，2009 年，第 145 页。
❷ 方以智：《一贯问答》，安徽博物馆藏手抄本，第 2 页。
❸ 方以智：《物理小识》，商务印书馆，1937 年，第 10 页。
❹ 余英时：《方以智晚节考》，三联书店，2004 年，第 65 页。

实证性方法，在方以智质测研究中的地位及其研究过程中分析、论证之理性成分的增加两个方面，对西方科学于方以智的"质测"方法的影响予以分析。

（一）实证成为自觉的方法论原则

对自然事物和现象的观测、观察、实验等实证性方法是科学研究的基础，但在传统科学中这些方法并未成为普遍的方法论原则，如观测方法主要用于天文学领域，观察主要用于中药学对植物的研究，试验方法则主要用于道教的炼丹术中，在其他科学领域实证方法并未普遍应用。如在地理学方面，对"天方地圆""四极""四荒"之旧说至明季也未曾有人去验证或否证；在生理、医学方面，对于人体的生理结构进行过解剖实验的研究据科学史记载仅有宋代的《欧希范的五脏图》和杨介的《存真图》，以至在方以智时代还以心脏为思维器官，对人体的肌肉、骨骼的组成与分布以及血液循环系统的机理还未弄清楚。而在西方科学的对照下，方以智发现了其实证方法的优越性与传统科学之直觉、模糊、意会方式的缺陷。因此，他以"质测"命名自然科学，乃是突出其实测、实证之研究方法的特点，也因此，"质测"（有时也称质核）其实已成为方以智物理研究之自觉的方法论原则，观察、实测、实验成为其基本的研究方法。

首先，方以智非常重视对自然事物的观察与观测。《物理小识》中的很多知识条目都得自于他的亲身观察。如对于"气"的认识，便是他日常观察所得："世惟执形以为见而，气则微矣。然冬呵出口，其气如烟，人立日中，头上蒸歊，影腾在地，考钟伐鼓，窗棂之纸皆动，则气之为质，固可见也。充一切虚，贯一切实，更何疑焉。"❶ 这段描述由于来自方以智对"气"的各种形态的细致观察，因此能够把"气"作为物质存在的性质表达清楚。再如，他在偶然机会还观察到了色散现象，"悬猫精与大金刚

---

❶　方以智：《物理小识》，商务印书馆，1937 年，第 3 页。

石，则能成五色光"❶。除此，他也非常注重日常所见的一些自然现象，如对"野火塔光"的描述："又曰塔放光者，地中真火以上腾为本性，而壅阏和合于土，上故蒸为温气，发育万物，风雷云雨霜电虹霓无之而非是者，上腾之性每依直物而起，偶此塔有蕴腻凝滞之气，相触则附丽发光，与野磷同理。试观乎雷亦火也，每依墙杆栋楹有披击出声而上者，可触类也。"❷ 此外，方以智还善于观察动植物的外形与特征："独脚莲，东壁以为鬼臼，其根一年一臼。愚所见茎端盖叶如荷，四周或五瓣或八叶，边有小刺，一名羞天草。"❸ 由观察所得的此类知识条目在《物理小识》和《通雅》中还有许多，此不赘述。

其次，方以智也经常用实验来揭示某些论断或验证已有的结论："方氏学派的质测之学有一个显著的特点，即广泛采用实验来讨论和检验各种见解和观点。"❹ 前者如《物理小识》中对"光肥影瘦"的证明，该实验是用两组小实验来进行的，一是，"屋漏小罅，日影如盘，尝以纸征之刺一小孔，使日穿照一石，适如其分也。手渐移而高，光渐大于石矣"。二是，"刺四五穴，就地照之，四五各为光影也。手渐移而高，光合为一，而四五穴之影不可复得矣。光常肥而影瘦也"❺。虽然已有当代学者证明这个实验其实仅是小孔成像实验❻，但是方以智用以说明影之大小与光源关系的目的实已达到。对光的折射现象的讨论，方以智亦是用"置钱于盂"的实验说明的。他用实验验证前人记录的自然现象或所做的研究结论，如对于《博物志》记载的制造铅锡的方法："《博物志》积草三年，后烧之津液下流，成铅锡。试之验。"❼《物理小识》中类似的实验还有许多，每

---

❶ 方以智：《物理小识》，商务印书馆，1937 年，第 201 页。
❷ 方以智：《物理小识》，商务印书馆，1937 年，第 41 页。
❸ 方以智：《通雅》，上海古籍出版社，1988 年，第 115 页。
❹ 尚智丛：《明末清初的格物穷理之学》，四川教育出版社，2003 年，第 269 页。
❺ 方以智：《物理小识》，商务印书馆，1937 年，第 24 页。
❻ 王永礼，胡化凯：《方以智"光肥影瘦"说的实验研究》，《自然科学史研究》，2002 年第 4 期。
❼ 方以智：《物理小识》，商务印书馆，1937 年，第 168 页。

次试验后，他还会以"试之验"或"不验"记录之。

此外，方以智受西学实证方法之影响在《物理小识》中还有较多体现，如他总是尽可能记录被验证过的知识，以为经过实际验证的知识才可以确信。因此其所录内容，要么是经前人验证而载于典籍中，要么是流行于民间被百姓所证实或经过他本人验证的知识。如对海市、山市的记载："泰山之市，因雾而成，或月一见，尝于雾中见城阙旌旗弦吹之声，最为奇。海市或以为蜃气，非也，张瑶星曰：'登州镇城署后，太平楼其下，即海也，楼前对数岛，海市之起，必由于此。'每春秋之际，天气微阴，则见，顷刻变幻，鹿征亲见之。"❶ 又如对"雨徵"的分析："日落云里走，雨在夜半后，月弓多风，偃瓦自下，河作堰，女作桥，合罗阵，风雨飘，鱼鳞不雨亦风颠，冬斑却是护霜天，皆是实征非数占之例。"❷

由上可知，方以智对观察、实测、实验以及对结论须予以验证的思想贯穿于其自然研究中，成为其自觉的方法论原则，也成为其与前代学者及同时代的学者在科学研究方面的不同之处。因此，其子方中通认为，《物理小识》与此前的博物学著作《博物志》《物类相感志》《物性志》等的不同在于，"此贵质测，征其确然"❸。而方以智的好友王夫之亦赞其学问的征实特质："密翁与其公子为'质测'之学，诚学思兼致之实功，盖格物者即物以穷理，惟'质测'为得之。"也因此，尽管方以智的实测、实验的水平还无法与近代科学实验相比，甚至在通过反复实验以求取可靠结论方面亦与沈括有较大差距，但他以实测方法为自然科学的本质特征，以实证为研究事物之自觉的方法论原则却是传统自然科学发展史上的一大进步。

（二）实证基础上的分析与论证增多

观察与实验在传统科学中虽有使用，但对观察现象的描述较多，分析

---

❶ 方以智：《物理小识》，商务印书馆，1937 年，第 55 页。
❷ 方以智：《物理小识》，商务印书馆，1937 年，第 34 页。
❸ 方以智：《物理小识》，商务印书馆，1937 年，编录缘起。

论证较少，有时甚至只有现象描述，而方以智却因受西方科学的影响，增加了在实测、实验基础上的分析与论证等理性成分。比如，对于声音共振的实验，宋代沈括为首创，但沈括对共振现象的记录只有描述："琴瑟弦皆有应声，宫弦则应少宫，商弦则应少商，其余皆隔四相应。今曲中有声者，须依此用之。欲知其应者，先诸调诸弦令声和，乃剪纸人加弦上，鼓其应弦，则纸人跃，他弦即不动，声律高下苟同，虽在他琴鼓之，应弦亦震，此之谓正声。"❶ 而方以智对沈括的实验不仅做了改进，还增加了分析与论证，以证明共振现象的普遍性："《梦溪笔谈》曰：又有琵琶，以管色奏双调，则琵琶有声应之，以为异物，殊不知乃常理。二十八调但有声同者，即应。若编二十八调而不应，则是逸调也。古法一律七音，共八十四调，更细分之，逸调至多，偶见其应便以为奇耳。智按：洛钟西应即此理也。今和琴瑟者，分门内外，外弹仙翁则内弦亦动。如定三弦子为梅花调，以小纸每弦帖之，旁吹笛中梅花调一字，此弦之纸亦动。曹师夔罏磬不应钟，犹之。"❷ 这里，方以智先引《梦溪笔谈》所举"以管色奏双调，则琵琶有声应之"的例子，说明"二十八调，但有声同者即应。若编二十八调而不应，则是逸调也。"接着又举洛钟西应的例子与和琴瑟者同声相应的例子来证明这一原理，同时补充三弦子与笛的管弦相应的实验来进一步证明共振现象的普遍性，并且，在肯定同声相应现象的同时，还举出"曹师夔罏磬不应钟"作为反例以说明"声同者即应"，也就是频率相同的发声物才会发生共振现象，而频率被破坏共振现象即随之消失的现象。因此，对于同声相应原理（声音共振现象）方以智不是照搬前人记录，而是在实验基础对同类现象予以归纳、比较、推理而得出较为确凿的结论。

再如对于潮汐现象的认识，方以智虽未对潮汐做实地考察记录，但他以苏、浙、闽、粤、桂、云、贵等地的方志为研究材料。因为方志所载都是各地潮汐发生的真实记录，也属于一手的观测资料，可信度高，同时还

---

❶ 沈括：《梦溪笔谈·补笔谈》，台湾"商务印书馆"，1982 年，第 862 – 866 页。
❷ 方以智：《物理小识》，商务印书馆，1937 年，第 7 页。

查阅了《职方外记》关于潮汐的内容，试图以这些材料为基础进行分析归纳，以探明潮汐产生的原因。根据这些方志和《职方外记》有关潮汐各种记载，方以智发现潮汐的消长是有周期性的，而且其周期与月亮运行的周期密切相关，即"月高潮小，月低潮大"，因此他在归纳各地潮汐的消长记录与前人研究成果的基础上得出了"潮之应月"的结论。❶ 其实这一结论已包含了深刻的力学原理，即潮汐的发生与海水受月球的引力作用有密切关系。不过，受其知识储备和学术传统的影响，方以智还不能对潮汐产生的力学原理做更深入的探究，但是能够根据已有的观测资料予以理性的分析与总结已经是古代科学史上的巨大进步了。

另，方以智以西人质测所得之《南极诸星图》为证，批判传统的星土分野说也是典型的理性论证。"利玛窦为两图，一载中国所尝见者，一载中国所未见者。天河自井接尾箕，尽垓埏万方，而分度界之，真可谓决从古之疑。一行两戒之论，辩若悬河，以今直之，皆妄臆耳其。"为何"两戒说"是臆断，他则从天地大小、动静、广狭三个层次予以论证："余求其说，难通。夫天常运而不息，地一成而无变，以至动求合至静，未易以齐，此其难通者一也。若以形象所主，必有相当气类之应，乃出自然，不应各有入度之限，况天之一度，当地之九千二百余里，细按经星天依径七周二十二率算每度得五百五十五万八千四百六十里则天大而地小，尤碍吻合，此其难通者二也。且以舆地言之，闽粤交广，东通吴会，谓之扬州，实当中国之半，而分星所属止斗牛女三宿，则又地广而天狭矣，此其难通者三也。智尝谓《隋志》载，见南极老人星下，尚有大星无数，此已明矣。"❷ 由此可知，方以智在接受与批判某一理论或观点时已借助于理论的论证，颇有理性色彩了。

此外，《物理小识》《通雅》中还有许多例子，如对野火塔光的解释与推论等，都是在观测、实验基础上对同类现象予以分析、论证、归纳、总

---

❶　方以智：《物理小识》，商务印书馆，1937 年，第 46 – 48 页。
❷　方以智：《通雅》，上海古籍出版社，1988 年，第 450 – 451 页。

结所得，因此，方以智对自然事物研究的理性化倾向大大增加，甚至可以说已开始向近现代科学迈进，而这一变化离开西方科学的刺激和影响是难以实现的。难怪山田庆儿先生曾有过这样的疑问："沐浴过近代科学余波的方以智是否探讨过中国传统科学的新发展方向和可能呢？"❶

第三节　方以智对考证学、史学领域中实证方法的推进

在西方科学的影响下，方以智不仅把实测、实证视为质测之学的方法论原则，同时还将其推广至考证学领域与实学领域。

一、对传统考证方法的推进

考证方法虽是儒学治经传统中的基本方法，但是汉以来的考证尤其是宋明时期的考证，在方法上存在很多缺陷，对此方以智在《通雅》中对汉儒及后世儒者都做了批判。首先，是汉儒的主观臆断与宋明理学家的附会。"上古渺矣，汉承秦焚，儒以臆决。至郑许辈起，似为犁然。后世因以为典故闻道者，自立门庭，糟粕文字，不复及此。其能曼词者，又以其一得管见，洸洋自恣，逃之虚空，何便于此？考究根极之士，乃错错然元本，不已苦乎？撦实之病，固自不一，属书赡给，但取渔猎，训故专己，多半附会。"❷ 其次，是近儒批驳与论证的不力。"新都最博，而苟取僻异，实未会通，张东莞学新都，窃取尤多，岭南之九成、子行也。澹园有功于新都，而晦伯、元美、元瑞驳之不遗余力，以今论之，当驳者多不能驳，驳又不尽当然。"❸ 可以说，方以智的上述评价是较为公允的，因为四库馆

---

❶　山田庆儿：《古代东亚哲学与科技文化》，辽宁教育出版社，1996 年，第 139 页。
❷　方以智：《通雅》，上海古籍出版社，1988 年，序。
❸　方以智：《通雅》，上海古籍出版社，1988 年，序。

臣对明儒的考证亦多不满："然慎好伪说以售欺，耀文好蔓引以求胜。"❶
而与之相较，方以智所接触到的西方科学却皆为实测、实证所得，因而具
有精确性与可靠性。因此，为了矫正前人考证方法的缺陷，更是为了将当
时的学风引向严谨实证的笃实之道，方以智吸收了西方科学的实证方法与
严谨的态度，确立了自己卓然独立的考证方法与原则，即"言必有据"
"据有所出"。前者是要求结论与判断必须建立在坚实的证据之上，后者则
保证了证据的可靠和可信性。

　　首先，"言必有据"是方以智考证学的最大特点。《通雅》有"主于
辨当名物，考古决今"，因此证据自然是最重要的。"考究之门虽卑，然非
比性命可自悟。常理可守经而已，必博学积久，待征乃决。"❷ 所以每考证
一个名物，方以智必举出若干切实的证据，而每驳定一个说法，他也必有
可靠的依据，即"智每驳定前人，必不敢以无证妄说"❸。如他判断"彷
徨、徜徉、张皇、仓黄皆为一声之转"，即分别引了《礼书》《荀子》《庄
子》《无语》《集韵》《韵会》《荆轲传》等十二处通转字来做证据。❹ 再
如，对《通雅》"石炭"条，他则以永乐《抽分书》所载"分煤与石炭为
二项"为证，说明山、陕还有另一种石炭，又以《大业拾遗》《酉阳杂
俎》为证，指出石墨亦是石炭的一种。❺ 对于要辩驳的问题，方以智同样
会举出可靠的证据。如他认为《说文》中的"頁""首""百"三字当为
一字，"古今书传未尝有用頁字者，凡頭、顱、颠、頂、額、额之类俱从
頁，頁之即（首），明甚"❻。另，他判断《说文》释"夤"为"敬惕也"
为误记，也有若干证据。一是，许慎说这一解释引自《易》，而方以智明
确指出《易经》并无此文，《易经》原文为"艮其限，列其夤，厉薰心"，
以夤厉互用也。此处王弼将"夤"注为"脊肉"。二是，《六书本义》也

---

❶　纪昀等：《通雅提要》，载《文渊阁四库全书》，台湾"商务印书馆"，1982 年，第 857 页。
❷　方以智：《通雅》，上海古籍出版社，1988 年，第 6 页。
❸　方以智：《通雅》，上海古籍出版社，1988 年，第 5 页。
❹　方以智：《通雅》，上海古籍出版社，1988 年，第 244 页。
❺　方以智：《通雅》，上海古籍出版社，1988 年，第 1435 页。
❻　方以智：《通雅》，上海古籍出版社，1988 年，第 117 页。

以"夤"的本义为"脊肉",而借为寅恭之寅时,加了夕字。❶

方以智重视证据的另一特点是他考证的证据并不止于典籍文献,对有些名物的考证,如草木鸟兽等,他还倡导进行实地考察。"草木鸟兽之名,最难考究,盖各方各代随时变更,东璧穷一生之力已正唐宋舛误十之五六,而犹有误者。须足迹遍天下,通晓方言,方能核之。"❷而方以智自己也自觉实践了这一主张,《通雅》中有多处考证都是其亲自验证,如四十七《动物》"密丁,铜钉也;朗晃,圆蛤也"条,方以智补充说:"智在闽中见有圆蛤,号曰铜钉者,正是其类,今俗呼异名耳。"❸再如,卷四十三对"椒"的考释。他不仅对秦椒、蜀椒、蔓椒、野椒等的外形与性味做了区别,还对徐锴的注释错误做了纠正,"智按今椒皆成树,古人将以茱萸为椒也。椒专达阳行下。川椒皮内白,其子黑而光,不光者土椒,闭气"❹。如此细致的考辨若没有实物考察是难以做到的。另卷四十三有方以智按"凤尾松,叶细丛,叶蜡非,而干皮如柏……庐山大林寺前,宝树十余围,正凤尾松"❺此应是其 1652 年游庐山时观察所记。

方以智不仅重视证据,还强调据有所出。他认为"古人仿《尔雅》体,若广、埤之类,皆与方言释名,同规不载所出,直是以意取《玉篇》之字耳,无益后学"。其实,引用前人成果而不标明来源与出处,不仅无益后学,最主要的危害是不能保证证据的可靠性,因此《通雅》中必把其所引文的出处标出,"此书必引出何书、旧何训、何人辨之。今辨其所辨,或折衷谁是或存疑俟考,便后者之"❻。所以,《通雅》与《物理小识》无论考字义、辨音读,还是对知识条目的解释,他几乎都注明来源与出处,如他考证"敦"字有十七音时引证也有十余处,而每引一处,皆标明。《笔乘》《问奇集》皆云"敦"有九音:"今《小补》列十四音,《日月

❶　方以智:《通雅》,上海古籍出版社,1988 年,第 127 页。
❷　方以智:《通雅》,上海古籍出版社,1988 年,第 6 页。
❸　方以智:《通雅》,上海古籍出版社,1988 年,第 1399 页。
❹　方以智:《通雅》,上海古籍出版社,1988 年,第 1284 页。
❺　方以智:《通雅》,上海古籍出版社,1988 年,第 1281 页。
❻　方以智:《通雅》,上海古籍出版社,1988 年,第 5 页。

灯》抄之，灰韵音堆，诋也。《诗》：'敦琢其旅'。敦彼独宿。注：'独处不移貌'……寒韵音团，聚皃。《诗》：'敦彼行苇'。萧韵音雕，画弓，天子弓也，一作弴。准韵音准，布帛幅广也，《周礼》《内宰》：'出其度量敦制'。阮韵音通，《左传》：'浑敦'。队韵音对，器名。《周礼》：'珠盘玉敦'……凡十七音。盖古人亦未必是。"❶ 所以，四库馆臣谓其考据精核的另一重要原因即方以智在引证方面的严谨态度，"穷源溯委，词必有征"❷。

虽然，考证方法早为儒者所掌握，但是在方以智之前，对证据的重视与考证之严谨远没有达到如此高的程度，就此而言，把方以智视为清学的开山之人是理所应当的。而方以智考证方法的确立则与他接触与研究西方科学有密切关系。20 世纪 20 年代梁启超先生就曾指出："自明之末叶，利玛窦等输入当时所谓西学者于中国，而学问研究方法上，生一种外来的变化，其初惟治天算者宗之，后则渐应用于他学。"❸ 唐擘黄先生亦从清人考证学注重证据与验证、对数据要求准确、考证家通天算以及考证家与西学东渐所处时代与地域的关系论证了西方历算学对考证学方法的影响❹，而传统考证学方法变为细密考据的开始，则仍当从方以智始，由此亦可见方以智对清人朴学研究方法的影响。当代著名历史学家朱维铮则更细致地分析了"西学与汉学的关联"，认为"方法的突破，不是学术发展的内在逻辑所能单方面决定的，它还需要合宜的外在条件"，晚明西学的输入，"给学者以方法论的启迪，同空言蹈虚的理学方法告别，向'征实'的方向发展。"❺ 他的学生李天纲教授则把方以智视为明末清初西学逐渐进入儒学链

---

❶ 方以智：《通雅》，上海古籍出版社，1988 年，第 108 页。

❷ 纪昀等：《通雅提要》，载《文渊阁四库全书·子部》，台湾"商务印书馆"，1982 年，第 857–862 页。

❸ 梁启超：《清代学术概论》，中国人民大学出版社，2004 年，第 155 页。

❹ 唐擘黄：《明季清初西来天算对于清代学术的影响》，《中山文化教育馆季刊》，1935 年第 2 期。

❺ 朱维铮：《十八世纪的汉学与西学》，《复旦学报》（社会科学版），1987 年第 3 期。

条上的关键环节。❶

二、方以智史学研究中的实证精神

方以智年少时曾有过经史研究的计划，但时移世易，生逢世乱，他的计划未能实现。在《浮山文集前编》卷五中我们通过其若干零星的史论也能窥其史学思想。同时，我们也看到贯穿于其治学实践中的实证精神与实证方法同样也体现在他的史学思想中。

（一）客观的态度

客观的态度是追求实证的前提条件，所以方以智认为治史首先须有客观精神。首先，治史应摒弃主观偏见和私情，客观品评历史问题。作为治史主体的人，面对历史人物和事件总会或多或少带有各种主观的人情或偏见，因此，品评人物就必须怀有客观、公正的心才能有持平之论。"设身处地，自忘其心之成见而体之，乃能灼然天下之几，而见古人之心，此所谓鉴也。"❷ 即要求治史者应设身处地地将历史人物和事件置于特定的历史时代和社会环境去思考。其次，治史应辩证地分析人物功过，才能得出持平之论。他称赞福建莆田的牧仲之《史统》说："其议得失，述成败，别淑慝，赏才力，亦旁取古论大观，论定其后……不必冒言三代，而鄙汉后之琐琐也。不以后贤之守闲敦厚而薄汉唐之专割济务也……如论新法，宋当强干。介甫不达物理，空负特达之主知，而温公所执亦偏，安得明道起而任之。此吾所谓知人论世，平心而见古人之心者乎！士子体道学古，得其大用，有此明鉴，已省十半之力矣。"❸ 这是说，牧氏论史能够客观分析人物之得失成败。如他对北宋新法之争的评论，认为王安石与司马光都有

---

❶ 李天纲：《跨文化的诠释：经学与神学的相遇》，新星出版社，2007 年，第 382 页。
❷ 方以智：《浮山文集前编》，卷五，清康熙此藏轩刻本，第 27 - a 页。
❸ 方以智：《浮山文集前编》，卷五，清康熙此藏轩刻本，第 27 - b 页。

所失，因此是一种客观的态度与辩证的方法，因而其所得结论可谓持平之论。再次，治史还须持论公道，不可因趋炎附势、威胁利诱而有失公正，亦不可附会。

（二）实证的方法

怎样才能做到客观公正地研究历史？方以智认为，首先需要占有丰富的历史资料，这是治史的必备条件。因为只有博学多识才能使历史结论建立在坚实的史实基础上，非博识，无以断，"尚论古今，贵有古今之识"❶。此外，他还征引苏东坡之言以证司马迁之博识："太史公多见古书，足证西汉儒者之失。"❷ 同时，他又批评士人既不读书又不好考究，而专袭前人之论断的不良风气："士既不读全史，又不读全鉴，专好循袭论断，断断是非。遂使漏者漏，冤者冤。"❸ 因此，他提倡在多读书、广见闻基础上的详加考究。史书浩繁，参差不齐，野史不可尽信，国史亦须考辨，所以在占有史料的基础上做细致的考究就是必不可少的工作。"考究家或失则拘，多不能持论，论尽其变，然不能考究，何以审其时势，以要其生平？虽咎由操律而断之，乌能不冤，乌能不漏乎？"❹ 因此，非考究，无以辨。他举了胡正甫、简绍芳辨"子云之不仕莽"等例子，指出只有客观考证才能纠正历史上的不公正记载。他还详举陆忠宣和李邺侯的例子说明对历史人物的评价在不同史书中差异颇多，褒贬不一，因此也只有根据不同材料，斟酌去取，详加分析，辅以旁证，才可得出客观的结论。"异同之间，不能免于谣诼，名尚为天之所忌，况同辈乎？加以子孙故吏，各为其私，亦人情也。吾惟望读史之士，具卓识，观大端，若欲论断，必立旁证，考究之功，其可忽诸！"❺ 此外，他还根据"左丘明耻之，丘亦耻之"之语推出左

---

❶　方以智：《浮山文集前编》，卷五，清康熙此藏轩刻本，第31－b页。
❷　方以智：《浮山文集前编》，卷五，清康熙此藏轩刻本，第34－a页。
❸　方以智：《浮山文集前编》，卷五，清康熙此藏轩刻本，第32－b页。
❹　方以智：《浮山文集前编》，卷五，清康熙此藏轩刻本，第30－b页。
❺　方以智：《浮山文集前编》，卷五，清康熙此藏轩刻本，第33－b页。

丘明在前，孔子因之在后的判断。

在重实证思想的指导下，方以智对史书的考证也颇有一些创建。如对《左传》的考证。他认为士人信《左传》太深，而实际上，"传皆臆说"。他以《史记》多引《国策》而少引《左传》为由，且以刘焯、陆文裕、郝京山、孔安国都曾对其相关内容提出质疑为旁证，指出《左传》夹杂了许多汉儒的伪托之文："盖战国时，扬才立说之士，或更有左丘氏，而出于汉儒之手，又托之丘明。观歆移书让博士争立，岂不欲多方求胜乎？'左丘失之诬'，一语定论。太史公曰：'左丘失明，厥有国语'。然《史记》多采《国策》，而少《左传》语，岂直未见耶？必出本有汉人增加，明矣。"❶

由上可知，方以智对西方科学实证方法的精确性与有效性有着较深刻的认识，认为这一方法是改造理学虚浮学风、救正儒学之弊病的有益资源与有效工具，因而在具体的学术实践中，他不遗余力地将其引入传统科学、考证学以及史学领域，将其研究方法向实证化的方向推进了许多。

---

❶ 方以智：《浮山文集前编》，卷五，清康熙此藏轩刻本，第36－a页。

西方科学与方以智对传统 "格物致知" 论的突破

西方科学对实学思潮的影响，不仅在于知识与方法层面，还渗透到概念层面，即随着对西方科学知识的吸收与方法的借鉴，实学的某些核心概念也发生了一定程度的变化，如"格物致知"以及与之相关的系列概念如"理""物""知"等在内涵和外延上都有所变化。[1]而儒学核心概念的变化表现在个体身上，就是儒者对概念的认识与理解的变化，对于方以智来说，西方科学对他的影响也突出表现在他对儒学"格物致知"论的突破上。

第一节　方以智对传统"格物致知"论的突破

"格物致知"作为儒学重要概念，宋明时代的理学家对其有广泛探讨。

---

❶　葛兆光：《中国思想史》第一卷，复旦大学出版社，2001 年，第 29 页。

概括来说，大致有两种，一是程朱学派，这一派虽以"格物致知"为修德的手段，但肯定"格物"的认识论内涵。二是陆王学派，这一派仅侧重于格物致知作为道德践履之方法的功能。明清之际的实学家们批判地继承了上述两派的观点，从"求理于物（外物）"和强调道德实践两个方面将"格物致知"改造为一个富有"崇实黜虚"精神的实学概念。所以董光璧研究员说，"明清时期的实学家几乎都投入到了关于'格物致知'的讨论"❶，因此，实学的兴起使得"'格物致知'的命题受到有史以来最深入的剖析，实践精神把中国科学推到近代科学的边缘"❷。方以智探讨实学的路径与方法亦由此而来。一方面，他所继承的自其曾祖方学渐至其父方孔炤以来的家传崇实路线——"挽朱救陆"，即在改造朱子"格物穷理"方法基础上挽救理学末流"空穷其心"的蹈虚弊病。另一方面，被利玛窦、徐光启等西学派称之为另一种"格物穷理之学"的西方科学则使方以智对传统"格物致知"论的改造有了可以借鉴的典范。具体来说，方以智对儒学"格物致知"论的突破表现在如下几个方面。

一、"格物致知"的对象：由内在心性转向外在世界

方以智在格物的重心方面对传统"格物致知"论的突破表现为他的所格之"物""集中于物理对象，技术和自然现象"等形而下的事物上。❸在传统儒学的框架下，作为八条目之基础的"格物致知"乃是实现"明德、新民、止于至善"三纲领的方法与手段，因此，"格物"的重心在于

---

❶ 董光璧：《实学与科学》，载《中韩实学史研究——第五届东亚实学国际学术研讨会论文集》，中国人民大学出版社，1998 年，第 144－161 页。

❷ 董光璧：《实学与科学》，载《中韩实学史研究——第五届东亚实学国际学术研讨会论文集》，中国人民大学出版社，1998 年，第 144－161 页。

❸ Willard. J. Peterson："*Fang I－chih：Western Learning and the Investigation of Things*" *The unfolding of Neo－confucianism*. （De Bary，William Theodore，Conference on Seventeenth－Century Chinese Thought Bellagio，Italy），American Council of Learned Societies. Committee on Studies of Chinese Civilization. Columbia University Press，1975，p. 400.

内在心性。所以自汉迄明，儒者们对 "格物致知" 的注释都不出德性修养的范围，因而他们格物之学也多限于性命之学，对于外物尤其是自然事物的关注和探讨则非常少。至宋代，张载区分了闻见之知与德性之知，似是将经验对象纳入视野，不过他同时又认为 "德性之知不萌于见闻"。在德性论框架下，若闻见之知对成就德性没有意义，它的价值自然会大打折扣。至程朱，情况大变，其格物范围渐广及自然事物。程颐即言 "一草一木皆有理，须是察" ❶。因此，"致知在格物"，"凡一物上有一理，须是穷致其理。穷理亦多端，或读书讲明义理；或论古今人物，别其是非；或应接事物而处其当，皆穷理也" ❷。但由此我们也可发现，程子格物的重心依然局限于人伦日用。朱熹对格自然物的重视更是超越前辈，他的著作中论及格理于自然物之处颇多。如 "虽草木亦有理焉。一草一木，岂不可以格？" ❸ 再如，"大而天地阴阳，细而昆虫草木，皆当理会。一物不理会，这里便缺此一物之理" ❹。朱子的这一思想倾向也因为理学开出外向求知的可能路径而被后世学者称颂，但由于朱子格自然物的前提是大学 "三纲领、八条目" 的德性论框架，他格自然物的出发点与归宿都是德性论的，所以，格物活动不但有轻重缓急之分，亦有分量和比重的区别。"格物之论，伊川虽谓眼前无非是物，然其格之物也亦须有缓急先后之序，岂遽以为存心于一草木器用之间而忽然悬悟也哉？且如今为此学而不穷天理，明人伦，讲圣言，通世故，乃兀然存心于草木、器用之间，此是何学问！如此而望有所得，是炊沙而欲成其饭也。" ❺ 格物首要应是 "察之吾身"："格物虽是格天下万物之理，天地之高深，鬼神之幽显，微而至于一草一木之间，物物皆格，然后可也；然用功之始，伊川所谓 '莫若察之吾身者

---

❶ 程颢，程颐：《二程遗书》第十八卷，上海古籍出版社，2000 年，第 237 页。

❷ 程颢，程颐：《二程遗书》第十八卷，上海古籍出版社，2000 年，第 273 页。

❸ 黎靖德编，王星贤点校，《朱子语类》，中华书局，1986 年，第 420 页。

❹ 黎靖德编，王星贤点校，《朱子语类》，中华书局，1986 年，第 2817 页。

❺ 朱熹：《晦庵先生朱文公文集》，朱杰人等编，上海古籍出版社、安徽教育出版社，2001 年，第 1756 页。

为急'。"❶ 再者，朱子对"内事外事"的关注程度和用功重点也有明确区分，"要之，内事外事，皆是自己合当理会的，但须是六七分去里面理会，三四分去外面理会方可。"其实这"三四分"对外物的关注并不只用于格自然事物，还包括前述读书明理、论古今人物、应接事物等人伦日用之务，而且以后者为主。因此，外向格自然事物在朱子治学框架中也仍不过是由智达德的起点或入门工夫，其地位与分量实无法与朱子宏大的德性论体系相比。当然，朱子在主观求仁的前提下做出了许多自然科学的发现也是客观事实，该话题学者们已有讨论，此不赘述。至于阳明学派，由于主张"心外无物""心外无理"，所以其格物对象便只是内心的所思所念了。其实陆子与阳明并非否定客观世界的存在，只是他们的"格物""只就心上做"，所以外在世界尤其是自然事物对他们便没有研究的意义了。由上述可知，格自然物在传统"格物致知"论中的地位是非常低的，所占比重也是非常少的，仅是技艺末务而已。因此，李约瑟说，"儒家思想把注意力倾注于人类社会生活，而无视非人类现象，只研究事（affairs），而不研究物（things）"，是有其根据的。❷

与前代学者不同，方以智所言"格物"也包括外在事物与内在心性两个方面，"质测天地，格物之一端也"❸。但他自己的治学实践却偏重于形而下的实际事物。首先，方以智把研究自然万物看作探究"知"或"理"的基础，离开物，理就无从谈起。"舍物则理亦无所得矣，又何格哉？""质测即藏通几者也"❹几乎成为他"求理于物"之格物路线的招牌观点。而对于格自然物之重要性的论述亦常见于其著作中，如在《物理小识·总论》中，他说："非体天地之撰，类万物之情，焉能知其故哉？"❺除此，方以智还指出上古圣人就有考察天地万物的传统，伏羲即读"俯仰远近之

❶ 黎靖德：《朱子语类》，王星贤点校，中华书局，1986年，第401页。
❷ 李约瑟：《中国科学技术史》第二卷，科学出版社，1990年，第12页。
❸ 方昌翰：《桐城方氏七代遗书·心学综续篇》卷四，清康熙此藏轩刻本。
❹ 方以智：《物理小识》，商务印书馆，1937年，自序。
❺ 方以智《物理小识》，商务印书馆，1937年，第6页。

书",也即自然之书。❶ 所以他对儒者疏于对自然物的研究是持批判态度的,"儒者守宰理而已,圣人通神明类万物,藏之于易,呼吸图策,端几至精,历律医占皆可引触,学者几能研极之乎?"❷ "今日文教明备,而穷理见性之家反不能详一物者,言及古者备物致用,物物而宜之理,则又笑以为迂阔无益,是可笑耳。"❸ 而对于他自己的学术旨趣,方以智则引圣人言曰,"人在此天地间,则学天地而已矣",❹ "学至于学天地,盖莫可徵于天地也"❺。把"学天地"看作是学习的极致,可见其对探求天地万物的重视程度。因此方以智毫不讳言自己探究自然万物的兴趣,"不肖以智有穷理极物之癖,闲尝约之"❻。

值得注意的是,方以智对探究自然万物的重视在其后期并未因其所处环境和际遇的改变而改变。在流落两广期间,他依然不忘考察记录当地的动植物与物候状况,而且不顾条件之艰苦仍对其两本重要科学著作《物理小识》和《通雅》进行修改和完善。此外,在编撰较晚的《药地炮庄》结尾处对惠施的一段评价依然是该思想的继续,"禅家止欲塞断人识想,公孙龙翻名实以破人,惠施不执此也,正欲穷大理耳。观黄缭问天地所以不坠不陷、风雨雷霆之故,此似商高之《周髀》,与太西之质测,核物究理,毫不可凿空者也,岂畏数逃玄,窃冒总者所能答乎?"❼ 他认为惠施的学问是"核物究理,毫不可凿空",并将其比作《周髀》和太西质测之学应是很高的评价了。除此,方以智后期仍指导其子与弟子揭暄、游艺从事"物理"学研究,由此亦可看出,他对自然物的重视和探究兴趣乃是贯穿其一生的。所以余英时先生才说方以智"晚年虽致虚,但崇实之论益坚,

---

❶ 方以智《物理小识》,商务印书馆,1937 年,第 1 页。
❷ 方以智:《物理小识》,商务印书馆,1937 年,自序。
❸ 方以智:《物理小识》,商务印书馆,1937 年,第 5 页。
❹ 方以智:《东西均》,庞朴注,中华书局,2001 年,第 134 页。
❺ 方以智:《东西均》,庞朴注,中华书局,2001 年,第 221 页。
❻ 方以智:《物理小识》,商务印书馆,1937 年,第 5 页。
❼ 方以智:《药地炮庄》,华夏出版社,2011 年,第 469 页

不脱早年为质测之学之本色"❶。

此外，从自然与德性在方以智学术实践中的比重我们亦可看出其对研究自然事物的重视。首先，方以智是明末清初少数有自然科学著述的儒家学者。《物理小识》中的自然知识一直为后来学者所重视，而百科全书式的《通雅》虽因社会、政治原因流传不甚广泛，但亦被四库馆臣所称道。而在其最重要的两本哲学著作《东西均》《药地炮庄》中亦间或有讨论自然知识的话题。与此相反，方以智讨论德性问题的专著却比较少。据笔者所见，其流传在世的著述中仅有《性故》《一贯问答》以及《东西均》中的部分章节，而这些著述主旨又非专门讨论道德修养问题，而意在阐释其"一多相即"的哲学方法论，说明如何克服儒释道各自的片面认识，正确地把握"真一贯""性"，因此其性质又与道学家们所不同。

由上所述，将格物重心由内在心性转向"自然万物"，强调研究"自然物"对于探究天地普遍之理的重要意义，是方以智对宋明理学的超越，也是儒学在明末清初的一大突破。❷ 而他之所以将格物的对象由内心转向外部世界，既有明末批判王学空疏学风的影响，也有西方科学的刺激。其中后者是非常重要的原因，因为耶稣会士带来的科学知识包括的内容非常丰富，既有关系国家兴衰的天文历法，也有关系民生日用的水利机械、生理医药知识，还有"不用为用，众用所基"的数学。这些新鲜而异质的知识开阔了方以智的视野，使得方以智自觉地对中西学做比较。因而传统"格物致知"偏重于内在心性、忽视外在客观事物研究的缺陷在西方科学

---

❶ 余英时：《方以智晚节考》，三联书店，2003年，第63页。

❷ 古儒及宋明时代的部分儒家学者都有与方以智类似的对物的理解，但他们并未提出纯粹认知对象意义上的"物"的概念，而且也没有像方以智那样强调客观事物对于探究知识的重要意义。如张载，虽然肯定自然世界的客观存在，认为人的认识是以客观世界为基础的，但他本人却轻视"闻见之知"，认为对事物本质的认识不依赖于感觉经验。再如陈亮，虽强调道在事物中，但他的"道"主要是指道德原则，而且他本人并不重视对事物之根本规律的探讨。因此，我们认为，方以智格物对象的新内涵是对儒学"格物致知"的超越。另，方以智的本体论思想在不同时期似有变化，但无论是其早期的"气一元论"，还是中期的"心物二元论"、晚期的"太极一元论"，"物"的客体化及其作为纯粹认知对象意义上的概念内涵在方以智整个哲学思想中并未有较大变化。参见方以智主要著述《物理小识》《通雅》《东西均》《药地炮庄》等。

的对照下更加突出出来，同时使他对为学就实之路的探索有了可资参照的对象。因此，在西方科学的刺激下，方以智将格物的重心转向外在世界便是可以理解的了。

二、"格物致知"的目的："物理""宰理"与"至理"

方以智在"格物致知"目的方面对于儒学传统的超越之处在于，儒者们"格物致知"的目的乃是探求德性之知，以达"吾心之全体大用无不明矣"的道德境界；而方以智格物的目的则是探究天地万物的性质、规律及其背后的"所以然"，即"物理""宰理"与"至理"。

"格物致知"在《大学》纲目中本就是作为明德之工夫出现的，其目的是使人达于"止于至善"的境界，因此，其所致之知也必然是德性之知。后世学者谈"格物致知"未有出此范围者。至宋代，虽然程朱对"格物致知"有了新的发挥，且开出外向求知的可能路径，但其作为明德之手段的功能亦得到强化，其目的依然是探究德性之理，以提高德性修养。如程颐认为"物物皆有理，如火之所以热，水之所以寒，至于君臣父子间，皆是理"，"凡一物上有一理，须是穷致其理"❶。但程子讲的"即物而穷理"，虽有"形上"意涵，但最终还是要落实于伦理之理，因为其穷理致知的目的仍在于"止于至善；为人子止于孝，为人父止于慈之类。"❷ 朱熹亦明确指出，"《大学》致知格物，所以求仁也"，"所谓致知在格物者，言欲致吾之知，在即物而穷其理也……至于用力之久，而一旦豁然贯通焉，则众物之表里精粗无不到，而吾心之全体大用无不明矣。此谓物格，此谓知之至也"❸。因此，朱熹的格物穷理，虽有把握内外粗细之共通之理的追求，但最终目的亦在于达至"吾心之全体大用无不明"的道德境界。

---

❶　程颢，程颐：《二程遗书》，上海古籍出版社，2000 年，第 373 页。
❷　程颢，程颐：《二程遗书》，上海古籍出版社，2000 年，第 148 页。
❸　黎靖德：《朱子语类》，王星贤点校，中华书局，1986 年，第 113 页。

因为朱子虽重视探究外物之理，且着实下了工夫，却唯恐后人把"格物"视为目的而离乎德之本道，因此，当门人问他，"思得为学之要，只在主敬以存心，格物以观当然之理"，他则强调说，"主敬以存心，却是，下句当云'格物所以明此心'"❶。因此，历来儒者所致之知主要是德性之知，所穷之理乃是德性之理，而其最终目的则是达于"明此心"而止于至善的道德境界，"格物穷理"本身不是目的而是由智达德的起点和成就圣贤的入门工夫。

与前辈儒者不同，方以智"格物致知"的目的则是探究天地万物的性质、规律及其背后的"所以然"，即认识外在事物的"物理"、人伦治教之"宰理"，以及"所以为物""所以为宰"之"至理"。宰理之地位在儒家几为永固，似无须再强调，因此方以智主要讨论的是"物理"与"至理"。首先，在他看来，"物理"与"至理"有其内在价值，而不是宰理的附庸。

一方面，方以智认为，万事万物的发展变化都遵循一定规律，有其内在根据，人是可以通过现象把握其内在本质的。"一切物皆气所为也，空皆气所实也，物有则空亦有则，以费知隐，丝毫不爽，其则也，理之可征者也，而神在其中矣。"❷ 就是说，空间和万物的存在都遵循一定的秩序与法则，这些秩序与法则是"理"的表征，事物变化的内在动力就隐藏其中，通过事物表象能够把握其内在隐藏的深层规律。因此，格物活动包括"寂感之蕴，深究其所自来，是曰通几。物有其故，实考究之，大而元会，小而草木虫蝱，类其性情，征其好恶，推其常变，是曰质测。"❸ 也即通过实际考察事物特性，探究事物具体规律之"物理"的活动与探究事物运动变化深层的普遍规律之"至理"的活动。因此，对方以智来说，探究"物理"与"至理"活动乃是"直认宇宙法则"，而不只是体认至高无上的道德原则。毕竟，"当前物则"需要"格之践之，引触酬酢"，才能"信其

---

❶ 黎靖德：《朱子语类》，王星贤点校，中华书局，1986 年，第 2857 页。
❷ 方以智：《物理小识》，商务印书馆，1937 年，第 3 页。
❸ 方以智：《物理小识》，商务印书馆，1937 年，第 3 页。

不二，享其不惑"，若"不明两间实际，则物即惑我，而析物扫物者又惑我"❶。所以方以智希望扭转当时理学家们"扫物尊心""舍物言理"的蹈虚作风，改变其疏于物理研究因而使宰理、至理探究也陷于枯竭的学术状态，因此，直到住持青原期间他依然强调研究物理与探究至理的重要性。"此中秩序条理，本自现成，特因几务而显耳。格物之则，即天之则，即心之则，岂患执有则胶，执无则荒哉？"❷ 这是说，宇宙秩序是自然形成的，具体事物的法则就是客观的天地自然的法则，也就是我们主观的思维法则，执于有而拘泥于事物表象与执于无而蔑弃研究具体事物都是不可取的。因此，方以智不但肯定天地万物存在一定的秩序法则，而且还认为人能够通过认识具体事物把握自然的法则，因此，儒者的研究不能仅限于"宰理"，也需探究"物理"与"至理"。

另一方面，把探究物理的活动看作是一种智力上的自娱也是方以智肯定求知活动之自足性的体现。如在回忆编录《物理小识》的缘起时，方以智曾说："智何敢曰通知。顾自小而好此，因虚舟师物理所，随闻随决，随时录之，以俟后日之会通云耳，且曰自娱。"❸ 此外，他亦曾自谦地谈起自己的这一癖好："不肖以智有穷理极物之癖，闲尝约之。"❹ 与钱澄之交流亦曾提及他对探究事物的热忱与执着："吾与方伎游，即欲通其艺也，遇物欲知其名也，物理无可疑者，吾疑之，而必欲深求其故也。"❺ 由此可知，方以智"格物"活动的主观动机也具有迥然不同于历代儒者之处而带有为求知而求知的自足意蕴。

其次，方以智强调的"所以为物"之"至理"，与前代儒者"所致乎其极"的"至理"亦有质的区别。儒者们在"格物致知"框架内讨论的至理，即指其作为宇宙最高原则的"天理"，也指永恒的道德原则，是二

❶　方以智：《物理小识》，商务印书馆，1937 年，第 3 页。

❷　方以智：《青原愚者智者禅师语录》，嘉兴大藏经，第三十四册，第 0831c05 页。

❸　方以智：《物理小识》，商务印书馆，1937 年，自序。

❹　方以智：《物理小识》，商务印书馆，1937 年，自序。

❺　方以智：《通雅》，上海古籍出版社，1988 年，第 1589 页。

者的合一。而方以智讲的"至理"则是指隐藏于天地万物运动变化背后更为根本更为普遍的原理，也就是他说的"各各当然"背后的"所以然"。在《东西均》中方以智把它概括为"天地间凡相因者，皆极相反"，即天地万物之间及其内部存在的相反相成的矛盾运动规律。

由上述可知，作为儒者方以智自然不会忽视宰理，但为了引导士人为学就实，他更强调探究"物理"与"至理"的重要性，这一点在方以智学术生涯的前期与中期是非常明确的。虽然有时他也讲"天在地中，性在学问中"，但此时的方以智依然是把研究"物理"与"至理"的学问与德性放在同等的地位，"火薪"之喻视"道"与"艺"不分轩轾，亦非传统儒学以学问为服务于道德修养手段之论相比。因此，萧萐父先生才说："在明清之际的学者中，方以智是最明显摆脱伦理道德的束缚而形成比较纯粹的认知态度的学者。"❶ 余英时先生也认为，方以智是明清之际考证学者中智识主义味道最浓的学者。因为，在方以智的格物致知说里，其道德化的功能已大大减弱，而认识论的意蕴明显增强。

综上，方以智探究的"物理"与"至理"，都已大异于宋明理学家所探究的"天理"（最高的道德原则）。虽然，他对至理的追求最终局限于其家传易学，有些学者甚至认为他最终走向了本质主义和神秘主义。但与把道德原则置于学问最高目标的理学家相比，方以智对自然秩序规律性的确信、对"物理"的重视以及对天地万物之"所以然之理"的深究仍是其在目的层面对儒学传统"格物致知"论的突破。

三、"格物致知"的方法："质测"与"通几"兼用互补

方以智在方法层面对传统"格物致知"的突破，主要是提出了以"质测"为基础，"质测"与"通几"兼用互补的方法论原则。

理学家因其格物对象偏重于内在心性，所以其对"格物致知"具体方

---

❶ 萧萐父：《明清启蒙思想与学术流变》，辽宁教育出版社，1995年，第461页。

法的讨论也主要集中于成德的内向工夫，其"格物"方法自然较为单一和简陋。陆王格去物欲说自不必言，就是在讲求"格合内外"的程朱那里，由于"格外物"仅是成德的工夫与手段，也决定了其对方法的探讨多倾向于内向的直觉、体悟，而较少涉及"格外物"，尤其是格自然物层面的具体方法。比如，程颐虽讲"自一身之中，至万物之理，但理会得多，相次自然豁然有觉处"❶，但他只说格物需积习，而后贯通，至于具体如何格物，他并未交代。朱熹对格物方法的讨论也主要在于心性修养方面，如他讲穷理，即把"用敬"看作基本工夫，认为"持敬是穷理之本"❷，"《大学》须自格物入，格物从敬入最好。只敬，便能格物"❸。除此，朱熹也强调切身体会，他说"格物，须是从切己处理会去"❹，"格物，先从身上格去。如仁义礼智，发而为恻隐、羞恶、辞逊、是非，须从身上体察……如今若认得这四个分晓，方可以理会别道理"❺。此外，推类也是朱子格物的主要方法，"致知，则理在物，而推吾之知以知之也"，"格物所以致知。于这一物上穷得一分之理，即我之知亦得一分之知……其实只是一理。'才明彼，即晓此'"❻，"知先自有……扩而充之，便是致的意思"❼。由此可知，朱子的"推类"方法其实就是通过穷"物之理"体会"我之知"（内心固有之知），再把体会到的"我之知""扩而充之"推向他物，是类似于荀子"以类度类"的方法，而不是从外部探究事物内在性质与规律或曰物之理的分析方法。因此，程朱的格物方法主要是针对心性修养而言。当然，朱子在格自然物的时候也用到观测、观察方法，如测量日影，对风、霜、雪、雷等自然现象及物候情况予以观察分析等。但由于格自然物在朱子治学中处于边缘化地位，所以这些方法并不被重视，更不会被提至

❶　程颢，程颐：《二程遗书》，上海古籍出版社，2000 年，第 229 页。
❷　黎靖德：《朱子语类》，卷九，王星贤点校，中华书局，1986 年，第 150 页。
❸　黎靖德：《朱子语类》，卷十四，王星贤点校，中华书局，1986 年，第 269 页。
❹　黎靖德：《朱子语类》，卷十五，王星贤点校，中华书局，1986 年，第 284 页。
❺　黎靖德：《朱子语类》，卷十五，王星贤点校，中华书局，1986 年，第 285 页。
❻　黎靖德：《朱子语类》，卷十八，王星贤点校，中华书局，1986 年，第 399 页。
❼　黎靖德：《朱子语类》，卷三，王星贤点校，中华书局，1986 年，第 284 页。

方法论的高度来探讨，因此，不仅朱子，而且整个理学界既未形成格自然事物的具体方法，也未形成具有指导性的方法论原则，而朱子那些零星的方法也未被后来的学者所继承，这才有了王阳明与友人格竹子失败的典故。而理学一味偏高蹈虚，其末流最终落入"空穷其心"的境地。方以智深谙其弊，认为为救正理学，格物不仅要重视形而下的事物，格物方法也须借鉴西方科学之实证的方法以济理学方法之缺，所以在其父"质论"与"通论"的启发下，提出以"质测"为基础，"质测"与"通几"兼用互补的方法论原则。

所谓"质测"，前已有述。方以智在《物理小识》中做了专门解释，即"物有其故，实考究之，大而元会，小而草木虫蠕，类其性情，征其好恶，推其常变"❶。其义为通过实际考察物的性质与特征，并对其进行比类归纳来推论其发展变化的规律，由此可知，"质测"方法的主要特征就是实证性。综观方以智的学术生涯，我们发现，方以智对实证方法的重要性有很强的自觉意识。如《物理小识》中记录的很多知识都来自于他自己的观察和验证，对有些采自前人的知识记录，他往往也要实地验证才确信，有些未经试验或实地观察确证或经不起试验检验的他也都做出确实的记录，所以我们在知识条目末尾处经常会看到"未验""试之验"或"试之不验"的字样。此外，方以智还经常做实验来观察某些现象或验证某些结论，如《小识》"气映差"条，他便通过一个小实验来说明光的折射现象，然后用该实验所得结论解释了"气映差"的原理。方以智所举实验虽然简单，但却很能说明光的折射原理。实验具体如下："置钱于盂，远立者视之不见，注水溢盂，钱浮于水面矣。"❷ 这个实验是用光的折射角大于入射角的原理说明水盆中的钱看起来比实际要浅的原因。利用这个实验，方以智不但说明了光的折射规律，还解释了清晨"日初出而不热"的原因。❸

---

❶ 方以智：《物理小识》，商务印书馆，1937 年，自序。
❷ 方以智：《物理小识》，商务印书馆，1937 年，第 4 页。
❸ 李祖锡：《方以智在物理学上的成就及其研究方法》，《安徽大学学报》，1987 年第 3 期，第 83 页。

此外，方以智还做过分光、光影关系、取火方法的实验等，不胜枚举。尤为重要的是，方以智对实证方法的重视不仅体现在其早期和中期的科学著作里，在其晚期哲学著作中亦有所体现："愚不寓言，请以实征"❶，"吾以实事征实理"❷。甚至在住持青原期间，实证方法也是他与弟子们讨论的重要话题之一，如学生问及"多言历、律、医、占，何也？"方以智回答说："征几也。不以实征，则何以知天地四时之筋节，人身运气的经脉之代错乎？上古无书，即以天地身物为现成律袭之秘本，而神明在其中。"❸ 可见，方以智是把实证方法作为学术研究的基础来看待的。

所谓"通几"，"寂感之蕴，深究其所自来"❹，是指通过事物显现出的微小征兆把握其背后之所以然的学问和方法。就两种不同的学问取向来说，方以智认为"质测"与"通几"相辅相成："或质测，或通几，不相坏也。"❺ 但他同时也强调质测对于"通几"必要性与基础性，"质测即藏通几者也"，"有竟扫质测而冒举通几以显其宥密之神者，其流遗物"。从方法论的角度来说，二者也应是相辅相成，互为补充的关系。因此，"质测"与"通几"是探究天地万物的两种基本手段和学问。但在挽救理学末流蹈虚之弊的迫切需求和西方科学的刺激下，方以智在学术实践中更偏重于"质测"。因为"质测"强调验证和结论的确定性，更适于研究形而下的事物，也更适于纠正理学的逃空说玄。

传统的"格物致知"由于偏重内在心性，所以很少有对格自然事物之方法的研究，而方以智在西方另一种"格物致知"——自然科学的对照下，不仅发现了传统学术体系缺乏自然科学的弊端，也发现了传统"格物致知"方法的简陋与虚浮，认为研究事物尤其是自然物应有其独立方法，即他所谓的"质测"。因此，方以智是他那个时代少数几个能从方法论的

---

❶ 方以智：《东西均》，庞朴注，中华书局，2001 年，第 28 页。
❷ 方以智：《东西均》，庞朴注，中华书局，2001 年，第 29 页。
❸ 方以智：《青原志略》，华夏出版社，2012 年，第 87 页。
❹ 方以智：《物理小识》，商务印书馆，1937 年，自序。
❺ 方以智：《物理小识》，商务印书馆，1937 年，第 3 页。

角度区分自然科学之独立性的学者之一，其"质测"方法的提出可以视为一种方法论的自觉。因此，尽管其实验与观测的具体方法还相当简陋，性质也与西方近现代科学的实验有所不同，但他强调对事实的获取应以观测和实验为基础，并在西学的影响下增加的归纳、推理等理性思维的成分却是对儒学传统的"格物致知"方法的重要突破。蒋国保先生则对"质测"与"通几"的方法论意义做了细致分析。❶ 因此，以"质测"方法为基础，"质测"与"通几"兼用互补，是方以智对传统"格物致知"论在方法层面的突破。

四、方以智对传统"格物致知"论突破的意义

方以智对"格物致知"的突破，一方面是出于对王学空疏学风的反思与批判，另一方面也是西方科学刺激与影响的结果。因为，明末清初耶稣会士来华以后，利玛窦与徐光启等人都认识到儒家的"格物穷理"是能够与西学对接的一个切入点，当时的许多开明士人都把西方科学看作可以补益儒学的另一种"格致学"。❷ 在前人工作的基础上，方以智对传统"格物致知"有了新的思考，尤其是在格物的对象、目的和方法层面，他所强调的格自然物的重要性、提倡以实证方法探究客观事物的性质与规律的认知目标在儒学发展史上都具有重要意义。其一，将对自然事物的研究作为儒者格物的重要方面是对儒家学术传统的一次革命。因为宋代以前，自然知识尚未进入儒者的视野，程朱虽把格自然物作为一段修身的"下学"工夫，但其地位仍属"技艺末务"，而方以智却明确肯定了自然研究的价值与独立地位。如《物理小识》"总论"中，他引用其外祖之言曰："学有专门，未可执此以废彼也。"❸ 这是说，探究身心与探究天地万物的学问都

---

❶ 蒋国保：《方以智和明清哲学研究》，黄山书社，2009 年版，第 135 – 149 页。
❷ 徐光台：《藉"格物穷理"之名：明末清初西学的传入》，载《理性主义及其限度》（哈佛燕京学术系列第 3 辑），三联书店，2003 年，第 65 – 212 页。
❸ 方以智：《物理小识》，商务印书馆，1937 年，第 3 页。

是专门的学问，皆不可偏废。《通雅》中他更是将研究物理与研究人伦治教的学问区分开来："考测天地之家，象数，律历，声音，医药之说，皆质之通者也，皆物理也。专言治教则宰理也。"❶ 此外，方以智在中后期的哲学著述中，更将物理研究提至与道德修养同等的地位。在《青原志略·仁树楼别义》一文中，他告诫弟子说，"拈提与考究，原自两路。制欲消心之言，与备物致用之学，亦是两端，偏废则皆病矣"❷，即觉悟内省与研究物理同样重要，偏废任何一方面都是有问题的。因此，把研究"物理"与"至理"提升至与"宰理"同样的地位，打破了儒家思想体系中伦理道德具有不可置疑的独尊地位。按照方以智的这一思路，自然科学或可成为传统"格物致知"框架下的一门独立且重要的学问。这不但能够改变儒学传统"格物致知"偏重道德之形上理论与原则的狭隘性，还能够改变人们对自然科学之价值与地位的传统认识。以西方科学为另一种格物穷理之学，或将西方科学纳入传统格物致知框架内，并不自方以智始，但方以智却是第一次从理论上对此做出总结的学者。其二，也是同样重要的一点，方以智在格物的对象、目的与方法方面都使传统"格物致知"的道德化意蕴极大弱化，从而使本来作为儒家道德工夫论的概念几乎变为一个接近于近代认识论的概念。其子方中通对"格物致知"的概括最能反映这一点，"格物者，格此物之数，致知者，致此知之理也。"❸ 因此，这一改变也是方以智欲发展客观认知活动同时可能开出近代科学的一次努力。所以，萧萐父先生认为，方以智"以纯粹的科学兴趣和求知态度去从事新兴'质测之学'的研究，将传统的以体悟'天理'为目的的所谓'格物致知'改造、转化为新兴质测之学的'即物以穷理'，'格致'亦因此成为自然科学的称谓"❹。余英时先生也认为方以智的质测之学虽脱胎于儒家的"格物致

---

❶　方以智：《通雅》，上海古籍出版社，1988 年，第 65 页。

❷　方以智：《青原志略》，华夏出版社，2012 年，第 87 页。

❸　方中通：《与梅定久书》，载张永堂《明末方氏学派研究初编·附录》，台湾学生书局，1987 年，第 256 页。

❹　萧萐父：《明清启蒙学术流变》，辽宁教育出版社，1995 年，第 459 页。

知",但含义有"极新颖者",而其对质测方法的发展乃中国科学史、思想史上的新机也。❶ 韦政通先生则指出,方以智对传统"格物"观念的批评着眼于科学认知。在他这里,"认知本身就是目的,尊德性的大帽子被摘掉了",因此,"假如西学在清初不中断,方以智的思路能继续发展,后来中国接受西方的科学一定会顺利得多"❷。儒学在近代落后的主要原因是未能建立起一种外向求知的路径与客观认知的精神,从而使自身的发展陷于僵化,因此,假设儒学能够沿方以智的上述思路发展的话,也许能够重获生机。当然,明清之际的特殊时代状况使方以智思想的影响受到限制,而儒学走向经学考据学又是另外一个问题了。因此,今天回顾方以智对传统"格物致知"突破的内容与意义,不仅使我们重新认识其在思想史上的重要意义,亦可使其中的宝贵思想资源为今天的儒学复兴提供一点儿借鉴和启示。

第二节　方以智对传统"格物致知"论
突破的原因与局限性

由前述可知,方以智"格物致知"的对象、目的、方法以及对"格物"活动地位的提升都表现出诸多不同于传统儒学的新内涵,实现了对传统"格物致知"论的突破。不过,对于方以智实现突破的原因学者们的认识却不尽相同,内在理路论者如余英时先生与张永堂教授都认为,儒学内部的发展是主要原因,西学刺激最多只能算助力。但笔者以为,对传统的突破有时外力起着非常重要的作用,因为明清之际的开明士人都把西方科学视为儒学重建的重要外部思想资源,因此,对方以智来说,儒学内部因素虽不可忽视,但外部刺激的力量似乎作用更强。

---

❶　余英时:《方以智晚节考》,三联书店,2004 年,第 71 页。
❷　韦政通:《中国思想史》,上海书店出版社,2003 年,第 907 页。

一、突破的原因

为了使方以智对传统"格物致知"论突破的原因更明晰，我们将内外两部分原因分开阐述。

（一）儒学内部原因

第一，对儒学的反思与重建是方以智所处时代士人面临的重要问题。明末理学末流蹈虚之弊尽显，理学家"束书不观，游谈无根"，已到了"反不能详一物"的境地。因此士人纷纷起而寻求补偏救弊之策，方以智对传统"格物致知"的思考即是彼时儒学重建的课题之一。虽然绝大多数理学家的讨论仍寓于旧统，"但亦有少数杰出人物发展出与传统格物之说不同的新见解，方以智就是其中的佼佼者"❶。

第二，家学与师承也促成方以智对传统"格物致知"论的深入思考。以智曾祖方学渐治学以"崇实"为宗旨，在方法上欲以朱子格物致知说救王学末流空疏之弊，应对以智有所启发。其父方孔炤对天文历算学的研究以及其师王宣的物理研究经验对方以智在"格物致知"实践层面的思考亦有助益。

第三，方以智个人的研究兴趣也使他有修正与改造传统"格物致知"的认识基础和能力。前已有述，方以智自幼有"穷理极物之癖"，且早年有从事质测之学研究的经历，中年后主要进行哲学思考与著述，因此其对王学与理学末流的空疏之弊，尤其是传统"格物致知"的局限性与方法的简陋有深刻认识。

（二）西学的刺激作用

方以智对西方科学的接触与学习，既是明末清初西方科学在士人间传

---

❶　余英时：《方以智晚节考》，三联书店，2003 年，第 61 页。

播的一个特例，也是士人以西学为必要外部思想资源积极吸收并以之改造儒学的一次尝试。

首先，方以智对西方科学非常感兴趣，接触较多，因此，与其同时代的儒者不同，西方科学很自然地成为他知识结构中的一部分。也因此，他本人对格物致知的理解便不会局限于儒学传统内部，既不像王学那样仅关注内在心性，而不及外部世界，也不像程朱学派那样仅把格外物作为实现体认"天理"（永恒道德原理与宇宙之理的统一）的手段，置于极其边缘化的地位，而是把格自然事物以及其他具体事物都作为自己研究的对象。"盈天地间皆物也，人受其中，以生生寓于身，身寓于世，所见所用无非事也，事一物也，圣人制器利用以安其生，因表理以治其心。器固物也，心一物也，深而言性命，性命一物也，通观天地，天地一物也，推而至于不可知，转以可知者摄之，以费知隐，重玄一实，是物物神神之深几也。"❶ 这是说，天地间所有事物，包括人、人的本性皆是人类认识的对象，没有孰本孰末的区别。虽然张永堂先生认为，这一点应得自于其家传易学的影响，但笔者以为，易学虽强调仰观俯察天地万物，但其主旨并不在于研究万物本身，而是通过万物来比附人事，因此方以智以万物为探究的对象，穷究"物理"与"至理"与西方科学的影响是密不可分的。

其次，西方科学的传入为方以智提供了改造传统格物致知的有益资源。方氏家族从方以智曾祖方学渐开始就提出了"挽朱救陆"的实学路线，希望以朱子的"格物穷理"纠正王学过于虚玄的弊病，而方以智则在西方科学的对照下发现了儒学的不足，"宋儒惟守宰理"。也就是说，相对于西学，儒学缺乏对自然事物及其他形而下之事物的研究。而此前利玛窦与徐光启等人对"格物穷理"的讨论恰为方以智提供了融西入中的思路。利氏以儒学"格物穷理"为接引西方科学的入口，把西方科学作为另一种格致学介绍给士人。之后，徐光启直接把西方科学称作"格物穷理之学"，"其余绪更有一种格物穷理之学，凡世间世外，万事万物之理，叩之无不

---

❶ 方以智：《物理小识》，商务印书馆，1937 年，自序。

河悬响答"❶。而毕拱辰也认为读西书才知"西学格致，原非汗漫"❷。因此，在西方科学对照下，方以智把对自然事物的研究纳入了"格物致知"的范畴，使格物的对象与方法以及格物的目的都发生了较大变化。因此，与西方科学的亲密接触不但使方以智深刻认识到传统学术体系的缺陷，还使其寻到借以改造儒学的重要资源。

最后，也是非常重要的一点，之所以认为西方科学在方以智对传统"格物致知"的突破中起着重要作用，还在于与方以智相较，那些接触西方科学较少或者思想特别保守的学者就很难突破儒学的德性论传统。如，比方以智稍早的顾宪成、高攀龙，虽对"格物致知"都有新见解，高攀龙甚至重新强调了格"一草一木之理"的重要性，但其出发点和目的仍是道德论，原因就在于他的学术旨趣仅寓于正宗理学范围内，而未汲取外部资源。再如，与方以智同辈的黄宗羲、王夫之对"格物致知"的论述亦不出理学心性论之范围，主要原因应在于其对西方科学的态度。黄宗羲，虽有接受与学习西学的雅量，但受"夷夏观念"影响至深，且明确提出"西学中源"说，这些都影响了他吸纳西学补益儒学的自觉意识。王夫之，因地处偏远，与西学接触非常有限，因此，尽管看到了西方科学实证方法的优越性，其格物致知论亦增加了实证的因素，但他仍遵从朱子路线，从道德实践角度解释格物致知，因而并未有对传统格物致知论的实质性突破。顾炎武则仍把格致限于"为人君，止于仁；为人臣，止于敬"的范围内。❸因此，积极的学习与吸纳西方科学是方以智"格物致知"论能够突破儒学"尊德性"藩篱的重要原因，因为不汲取外来文化的新鲜血液，旧文化就很难实现自身的更新。

---

❶　徐宗泽：《明清间耶稣会士译著提要》，上海书店出版社，2006 年，第 241 页。

❷　徐宗泽：《明清间耶稣会士译著提要》，上海书店出版社，2006 年，第 197 页。

❸　顾炎武：《日知录》卷六，安徽大学出版社，2007 年，355 页。

二、突破的局限性：不彻底

虽然方以智在"格物致知"的对象、目的、方法以及"格物"活动的地位方面都有所突破，使儒学"格物致知"概念因西方科学的刺激而发展出新的内涵，但是，作为从小就浸润于儒学氛围的学者来说，他又不可能脱离于儒学之固有思想与学术传统，因此方以智对传统"格物致知"论的突破也表现出多方面的不彻底性。

一，方以智"格物"的目的虽在于求得物理与至理，已越出儒家尊德性的藩篱，有探究事物之具体规律与宇宙之普遍规律的倾向，但是他对自然事物的研究仍受制于其家传易学。一方面，他把易学视作解释事物的最高理论框架，把象数方法看作研究事物的基本方法，认为格致之最精微和最深的层次易学皆已具备，"圣人与民折中日用，使之中节而已，其格致研极之精微皆具于易"，因此他的"格物致知"活动虽以研究形而下的事物尤其自然事物为主，但却没能走向近代经验科学。另一方面，他虽然意识到"质测即藏通几也"，强调"质测"对"通几"的必要性与基础性，但却认为易学所包含的"相反相因之"辩证原理即为世界之最高原理，而没有真正通过对自然事物的研究去探究宇宙的普遍之理。

二，方以智前期的学术实践一直致力于形而下的实际事物的研究，也做出了一定成就，因此，他的"格物致知"颇有认识论的性质。但他后期在对"格致"的解释中却又回归于《大学》的主旨。"子诏记杖人说曰：'明明德，即致知也。止至善，即格物也。《大学》无格物传，即在好恶自慊中。好好色，好至矣；恶恶臭，恶至矣；而物不已格乎？知不已致乎？意不已诚乎？'吾视此指，若决江河。"❶ 觉浪大师认为，《大学》中的"格物致知"就是明德与至善，朱子根本无须为其做补传。方以智认同这一观点，说明他在后期对"格物致知"的理解有回归儒家修身目标的倾

---

❶ 方以智：《一贯问答》，安徽博物馆手抄本，第3页。

向，对自然事物的探究，或曰一种客观性的认知活动仍没有获得真正独立的地位。也因此，他的"物理"研究活动所具有的独立认知性质有时也仍与儒家传统的知行论混在一起。"其执格去物欲之说者，未彻此耳。心一物也，天地一物也，天下国家一物也，物格直统治平参赞，而诵诗读书，穷理博学俱在其中。但云今日格一物、明日格一物，以为入门，则胶柱矣。知即是行，诚明合一，非穷理博物而一旦贯通之说，亦非自得本莫愁末之说。然未尝不可曰：穷理博物而一旦贯通，又未尝不可曰：既得本莫愁末。"❶ 这是说，王学不懂心物不二即认识与所认识之物相统一的道理，执于摒弃人的私心之说；朱学主张物物都要了解是过于拘泥，不懂得贯通，而实际上知与行是合二为一，一旦懂得贯通便可达到诚明合一的境界。因此，方以智对自然科学活动之独立地位的认识是不彻底的，对传统"格物致知"的突破也仍受儒学传统所制约，所以，余英时先生认为，虽然方以智的质测之学脱胎于传统的"格物致知"，有极新的含义，但是其"开新"却是受局限的。❷ 不过，方以智的局限性是可以理解的，因为他始终是站在儒学内部，以补益与改造儒学为目的来接受与学习西方科学的。因此，他首先是在继承传统"格物致知"的基础上将格物范围拓展至自然界，并引入西方科学的重验证的方法论原则，同时又强调探究"物理"与"至理"重要性的。也因此，方以智对传统"格物致知"论的上述突破并不会因其局限性而丧失其应有的意义，毕竟它已克服理学家尤其是理学末流偏高吊奇的虚浮作风，并为传统"格物致知"增添了近代理性主义认识论的成分，这对明末清初儒学的发展是重要的贡献。

---

❶ 方以智：《一贯问答》，安徽博物馆手抄本，第 3 页。
❷ 余英时：《方以智晚节考》，三联书店，2004 年，第 71 页。

方以智接受西方科学的实学立场

第一节　方以智的实学立场

由于实学思潮的经世观念和言必征实的方法论原则与西方科学皆有契合之处，所以明清之际致力于实学建设的学者们都是站在实学的立场上，以西方科学为实学，学习和研究之。方以智之所以能够积极接纳西方科学且取得一定成就，既缘于这样的社会氛围，也与他以重知识重智性的观念扭转王学超知识乃至"反知识"主义的观念、以实证方法研究实际事物的治学原则矫正王学"扫物尊心"不着实际之学风的实学思想密切相关。因此，方以智对西方科学的开放态度、选择性吸收都基于他所处的实学立场，但经世致用的功利主义态度和家传易学又使他对异域知识的接纳受到极大的限制。

一、开放的态度

早在方以智前，明末清初与西方科学有较多接触的实学思想家们便被其精确、实用、有效等优点所吸引。徐光启、李之藻首当其冲，竭其所能译介西书，开"以西学补益儒学"之先河。方以智虽处西学东渐第一次浪潮的波谷中，但对苦于寻求改造儒学虚浮学风之良方的他来说，一方面，西方科学提供了足够多精确、有效且实用的知识——耶稣会士带来的科学书籍囊括了天文、地理、机械、生理、物理、化学等各个领域；另一方面，西方科学还向他提供了一个以实际事物为研究对象，以实验验证为研究方法的学问典范。因此，方以智认为西方科学即是可以挽救儒学衰颓之风的实学资源，所以，他对待西方科学的态度是积极接纳的。

首先，方以智对西人、西学非常尊重。他认为欧洲地理位置与中国相当，气候适宜，所以能够发展出与中国相似的文化。"若西方人所处，与北极出地与中国同纬度者，其人亦无不喜读书，知历理。"❶ 即便是他认为极其荒谬虚渺的神学论，也没有一概否定其价值和地位。在《通雅》"读书删书类略"中，他将西方神学称为"西理"，归于余部，与"释""道"为一类，这充分说明他对西学的包容与尊重。❷ 除了对西方文化的认同，方以智对耶稣会士也极为尊重，每每称其为"西士""西儒"，称利玛窦为"西儒利玛窦""利公"、称穆尼阁为"穆公"、称汤若望为"道未公"、称毕方济为"毕公"。这与那些以华夏文明高于一切，对西士和西方文化不屑一顾的保守派要开明得多。如方以智的好友，也是明清之际非常有名的哲学家、思想家王夫之便蔑称传教士为"西夷""西洋夷"，并认为"天下大防有二：中国、夷狄也，君子、小人也……中国之与夷狄，所生异地，其地异，其气异矣；气异而习异，习异而所知所行蔑不异焉"❸。如此强烈的"夷夏大防"之论怎能放下身段虚心学习接受在很多方面都超出中学的西方科学呢。所以，王夫之虽承认"西夷以巧密夸长"❹，但却固执地认为，"盖西夷之可取者，惟远近测法一术"❺。由此他失去了学习西洋新

❶ 方以智：《物理小识》，商务印书馆，1937 年，第 3 页。
❷ 方以智：《通雅》，上海古籍出版社，1988 年，第 40 页。
❸ 王夫之，《读通鉴论》，岳麓书社，1988 年，第 10 页。
❹ 王夫之，《思问录》，上海古籍出版社，1996 年，第 68 页。
❺ 王夫之，《思问录》，上海古籍出版社，1996 年，第 68 页。

知的良机，也失去改造中学可资借鉴的有益资源。

其次，方以智对西方科学的认识确实要比一般儒者深刻得多。一方面，他认为西方科学的各门知识准确、有效、实用，符合实学特征，其实证性的方法亦符合实学"征实"的旨趣。如西学对太阳系小行星带的描述就比中学"水之精气说""天汉说"等臆测之说准确得多，"西学以窥天镜窥之，皆为至细之星，如郎位旄头，而微望之则若河耳"❶。西方历法因多经测改，且以"太阳为岁"（即行太阳历）亦比中国历法准确有效。《远西奇器图说》中的机械设备更是有益民生日用的实用之术，正如王徵所言："兹所录者，虽属技艺末务，而实有益于民生日用，国家兴作至急也。"❷ 而耶稣会士带来的数学知识亦有使人心归实和助益工、商、农各领域的多重作用："《几何原本》者，度数之宗，所以穷方圆平直之情，尽规矩准绳之用也……由显入微，从疑得信，盖不用为用，众用所基，真可谓万象之形囿，百家之学海……是书也，以当百家之用，庶几有羲和、般墨其人乎，犹其小者，有大用于此，将以习人之灵才，令细而确也"❸，"（实用算术）惟是巧心浚发，则悟出人先，功力研熟，则习亦生巧，其道使人心心归实，虚矫之气潜消，亦使人是跃跃含灵，通变之才渐启。小者米盐凌杂，大至画野经天，神禹赖矩测平线，公旦从《周髀》窥验，谁谓九九小数致远恐泥，尝试为之当亦贤于博弈矣"❹。此处所引虽是徐光启与李之藻的评价，但对于认真研读过《天学初函》的方以智来说，对他们的论断应是非常熟悉与认同的。基于对西学的认可，方以智不但专门派遣其子方中通向耶稣会士穆尼阁学数学，而且他自己也一度钻研数学，直到去世前几个月他还写信给梅文鼎询问与索要梅氏的最新著作。

当然，最令方以智欣赏的还是西方科学的实证方法。其观测仪器的精良、观测结果的准确，以及其他经过验证或论之有据的学说，与多主观臆

---

❶ 方以智：《通雅》，上海古籍出版社，1988年，第440页。
❷ 徐宗泽：《明清间耶稣会士译著提要》，上海书店出版社，2006年，第234页。
❸ 徐宗泽：《明清间耶稣会士译著提要》，上海书店出版社，2006年，第197页。
❹ 徐宗泽：《明清间耶稣会士译著提要》，上海书店出版社，2006年，第205页。

度之说的传统科学有本质不同。西学地圆说、河汉说、星野分界说、金水相位，都有切实的证据或可靠的观测结果。而中国的很多科学著作与学说并不注重对结论的证实，历史上善于观测与验证的学者屈指可数，祖冲之、沈括等不过"越百载一人焉，或两三百载一人焉"❶。充斥科技著作与博物学著作的是大量未经证实甚至仅具有传说性质的事物，如《山海经》所描述的地理空间"四极""四荒"说，邹衍的"大九州说"，《博物志》对昆仑山海拔与跨度的记录都属臆测性质。除此，西方科学言必证实的精神和方法也与汉儒洸洋自恣、多以己意解经和理学家惟守宰理、谈玄说空、不着实际的传统学术方法形成鲜明的对比。汉儒对经传的注疏并不严谨，宋明理学家则拘于伦理治教，对于考证名物度数治学不感兴趣，即便少数人有这方面的著作，其方法也很粗糙。不过，汉儒虽好主观臆断，但尚讲究考据，宋明理学家则仅关注心性修养，根本不需要认知外物的方法与手段，更谈不上强调证据与验证的实证方法。有些学者甚至认为连考察外物也只须"内观"，如邵雍、程颢都认为通过对内在世界的体察便可达至对万物之理的把握。因此，对于强调"学以征实"的方以智等实学思想家来说，西方科学的实证方法不但可以用来改造传统科学，更可用以改造理学虚浮学风乃至整个传统学术。也因此，方以智不但从西方科学那里寻到了能挽救儒学衰颓之势的实际学问，还寻到了有资于实学建设的实证方法。

　　另一方面，方以智亦认识到西方科学比之于传统科学的先进性。明清时期是传统科学技术的大规模总结阶段，李时珍、徐霞客等知识分子对中草药学与地理学等领域的总结与创新确实贡献不小，但在科学整体方面并未有较大突破，而且传统科学中的两门主要学科天文学和数学已不见宋元时的辉煌，几乎停滞不前，甚至还有后退倾向。而其他领域的知识一般都包含在笔谈杂记或博物学著作中，往往与民间一些奇谈逸事混杂在一起，既无体系，又无精确性可言，所以很难与耶稣会士传入的科学知识相比。

---

❶　徐宗泽：《明清间耶稣会士译著提要》，上海书店出版社，2006 年，第 20 页。

即便为方以智所推重的《物性志》《物理所》也有上述缺憾。因此，对方以智来说，西方科学的确是一个新鲜、丰富且优于传统科学的巨大知识库，其先进性是不言而喻的。如他称赞利玛窦传入的地图乃"补开辟所未有"❶，"南极诸星图"则是"决从古今之疑"❷，西人以"心肝脑立论"是"《灵素》所未发"❸。西方历法无论从思想方法还是测量技术和计算手段都优越于中法，"今之法密于古矣"❹。

总之，站在实学的立场上，方以智对精确、实用、有效的西方科学是热情拥抱且积极学习的，他相信此种具有实学性质的异域学问可以从知识与方法等方面补益传统科学与学术，矫正理学末流空疏虚窃之学风，是值得利用的有益资源。因此他不但自己学习与研究，在《通雅》《物理小识》中引用了较多的西方科学知识，还指导其子方中通，学生揭暄、游艺学习西方科学，从而形成了一个以探讨质测之学为主的学术研究团体"方氏学派"❺。这一学派在方以智的带领下，为促进西方科学在当时的传播做出了不小的贡献。如方中通的《数度衍》可谓介绍西方数学又会通中西的数学百科全书，揭暄的《璇玑遗述》、游艺的《天经或问》在讨论中西天文历法等诸多领域的知识而颇多创获。

二、选择性吸收

方以智对西方科学虽有热情拥抱、积极学习的态度，但他的学习与吸收却是有选择性的。因为身处儒学衰颓已极、迫切需要重振的时代，实学思想家们努力寻求能够促使儒学由虚转实的有效方法，所以有着"纷纶五经，融汇百氏"之心胸和"坐集千古之智"之开阔眼光的方以智对异域新

---

❶ 方以智：《通雅》，上海古籍出版社，1988 年，第 1 页。
❷ 方以智：《通雅》，上海古籍出版社，1988 年，第 451 页。
❸ 方以智：《物理小识》，商务印书馆，1937 年，第 74 页。
❹ 方以智：《通雅》，上海古籍出版社，1988 年，第 446 页。
❺ 侯外庐：《中国思想通史》，人民出版社，2011 年，第 500 - 526 页。

知的吸纳亦受时代和文化传统的局限，具有如下两个特点。

（一）重视实用性知识，忽视原理性知识

总的来说，方以智吸收的西方科学主要集中于传统有益国家兴作的"大一统技术"类知识，如天文、历法，地舆，医学等，第三章中我们已有介绍，如地圆说、天有九重说、具体的历法知识、地球五大洲说、五带说、人身之骨骼与肌肉结构、人身气血循环系统、心肝脑为人身三贵说等。此外，一些实用性强且有益于民生日用的生产、生活知识与技术也是他引用的重点，如《物理小识》中引用的机械知识、医疗方法、制药法等。如引自《泰西水法》的"起重法"，也许方以智认为该器械在使用中能够节约人力甚至可代替人力，实用性很强，所以对其结构与操作方法描述得非常细，"以刚铁作蠡丝，旋旋入软铁方基中，既成。二物牝牡相合，左旋则入，右旋则出，乃以承重物，先左旋则缩之，后右旋而伸之，其渐长处实之以楔，如此屡加，则起矣。凡引重用一辘轳省力一倍，以筒筒圆木入滑汁其中，以绳卷筒上其力更省"❶。受其影响，揭暄在注释中也对西法的转水设备比较关注。

对于西书所载的一些医疗知识方以智也十分留心。"《外纪》哥阿岛患疫，有名医卜加得令城内外遍举大火，烧一昼夜，火息而病亦愈，盖疫为邪气，所侵火气猛烈能荡涤诸邪，邪尽而病愈，至理也。"❷ 虽然方以智对以火烧驱逐瘟疫原因的理解并不正确，但他对这一方法的有效性是非常肯定的。除此，他还摘录了西方国家用温泉疗病的内容："西国有七十余汤，各标主治"❸；详细介绍了西人先进的制药方法："蒸露法，铜锅平底，墙高三寸，离底一寸……凡蔷薇茉莉柚花皆可蒸取之，收入磁瓶蜡封，而日中暴之干其三之一，露乃不坏。"❹ 这类知识实在关切民生日用甚多，所以

---

❶　方以智：《物理小识》，商务印书馆，1937 年，第 216 页。
❷　方以智：《物理小识》，商务印书馆，1937 年，第 123 页。
❸　方以智：《物理小识》，商务印书馆，1937 年，第 58 页。
❹　方以智：《物理小识》，商务印书馆，1937 年，第 58 页。

方以智不烦细琐尽数录之，由此亦可看出他选择知识的实用取向，也非常符合他对实学的理解："实学者何？内而性命，外而经济，有典礼制度之学，有象数律历之学，有音韵六书之学，有医药物理之学，凡有资于身心国家者，举而为之实学。"❶ 此定义虽是其子方中通所下，但实是对方以智实学思想的概括，也是对方氏家族崇实路线的总结。

与其对实用知识的高度重视相比，方以智对原理性知识的引用却比较少。对于他研究最多的天文历算知识，《小识》与《通雅》中引用的却几乎全是技术性和实用性的内容，基本原理与方法或理论性知识极少涉及。如日、地的大小之论，利玛窦在《乾坤体仪》中对其几何学原理与方法介绍得比较详细，其中为了使士人理解日大于地、地大于月的原理，利氏还专门列了六道题来证明，且每一题都有详细的推论，因此四库馆臣评价该书曰："恒星七曜与地各有倍数，日月出入各有映蒙，多发前人所未发。其多方罕譬，亦皆委曲详明。"❷ 不过方以智似乎仅关注书中所记的日、地、月、木、土、火、金、水的体积及比例，而未深究亦未引用其中的几何学原理。"利玛窦曰：地周九万里，径二万八千六百六十六里零三十六丈，日径大于地一百六十五倍又八分之三，木星大于地九十四倍半，土星大于地九十倍又八分之一，火星大于地半倍，金星小于地三十六倍又二十七分之一，月小于地三十八倍又三分之一。水星小于地二万一千九百五十一倍，距地心一千六百零五万五千六百九十余里，距地一万二千六百七十六万九千五百八十四里余，距地二万五百七十七万零五百六十四里余，距地二千七百四十一万二千一百里余，距地二百四十万六百八十一里余，距地四十八万二千五百二十二里余。"❸ 因此，他没有理解利玛窦强调的"欲量地球，先测其径，以径推其周围"之几何原理❹，对其介绍的计算方法

❶ 方中履：《古今释疑序》，载《四库存目业书·子部》，齐鲁书社，1995 年，第 21－99 页。

❷ 利玛窦：《乾坤体仪》，载《文渊阁四库全书·子部》，台湾"商务印书馆"，1982 年，第 787—755 页。

❸ 方以智：《物理小识》，商务印书馆，1937 年，第 24 页。

❹ 朱维铮：《利玛窦中文著译集》，复旦大学出版社，2007 年，第 534 页。

亦未仔细体会:"夫日月星体,违地心几何既审,则以法推其径之长也。两球之比例,有其径三加之比例,则既知地球大何如,因而日月诸星比地之几何大,亦审矣。"❶ 所以他把利氏所言直径之比误为体积之比,做出了错误的判断,其原因就在于只注重结论而不关注原理和计算方法与过程。再如,对于日月食的引用亦只摘录了其发生的具体情况,而忽略了利玛窦所述之原理,比较方以智所引内容与利氏原文即可挂出这一特点。先看方以智引文:"月质掩日也,望有月食,地球之影隔日也,凡见月之处,见食皆同,而日食则异,其不当顶而斜迤者,皆不见日食也,故分秒各别。"❷ 再看利氏原文:"日食非他,惟朔时,月或至黄道,日所恒在也。则既在日之下,便掩其光而吾不能见日,谓日蚀也。且日球者,了无失光,故其蚀非天下各国共有之,而或一处日蚀,而别处光焉;或一处全蚀而他处惟蚀其半焉,所见正斜异故也。月蚀天下皆同,盖月球并诸辰星之体,本无光皆借太阳之光也,地球悬九重之当中,如鸡子黄在青中然,惟望时月或至黄道,于太阳正相对,则地球障隔其光,而不得照之,故月失光矣。"❸ 虽然方以智的引文表述相当简洁,但只描述了日食发生的基本情况,日食出现的原因及特点的详细分析却被省去了。

再如,他对最有机会亲自向汤若望讨教的《远镜说》的处理亦有此特点。为了让学习者理解望远镜的制造与使用原理,汤氏介绍了与之相关的光学理论知识,曰"原繇",一是"易象不同,而远镜独妙于斜透,以为利用之原";二是"射线不一,而远镜摄乎屈曲,以为斜透之繇";三是"视像明儿大者,繇乎二镜之合用"❹。三条原理即镜片易象的原理、远镜为何不能无斜透的原理与两镜片合用的原理,原理之后还附有其光学原理的分析图,且讲解得明白易懂。但方以智似乎也仅惊奇于望远镜的神奇效果,而未关注它的制造原理,因此在《物理小识》"光论"部分并未见其

❶ 朱维铮:《利玛窦中文著译集》,复旦大学出版社,2007年,第534页。
❷ 方以智:《物理小识》,商务印书馆,1937年,第27—28页。
❸ 朱维铮:《利玛窦中文著译集》,复旦大学出版社,2007年,第543页。
❹ 黄兴涛,王国荣:《明清之际西学文本》,中华书局,2013年,第1119–1122页。

引用。也因此，"转光""光论"等条目只记录了一些常见的光学现象，其解释也依然是传统的阴阳理论。《远镜说》是汤若望据西尔图里的《望远镜，新的方法，伽利略观察星际的仪器》编译而成的，其中的内容可谓当时西方科学最前沿的成果，也是西方科学革命时期的重要成果，被方以智忽略实在让人感到惋惜。

方以智对《崇祯历书》的引用亦能体现他学习与研究西学的实用性特点。由于徐光启深感传统科学中原理性知识的欠缺，"其法略同，其义全缺"❶，所以他本人非常重视历法原理，因而《崇祯历书》的天文学理论部分，即法原部分的内容所占全书比重竟达三分之一，其中包括自托勒密以来的西方天文学理论、计算方法与天文表。但方以智在自己的著作中对《崇祯历书》原理部分内容几乎未涉及，除了几处零星的实用知识条目外，引用最多最详细的是"置润法"与"岁差计算方法"，目的在于对中西方法进行比较，并希望引入西法以改造中法。当然，对于方氏著作中引用《崇祯历书》的内容是方以智研读此书后的直接引用还是间接引用自熊明遇的《格致草》，有些学者认为需要提供切实的证据。但是，由于古人引用某书通常不注明出处，方氏著作中暂未查到直接标明引用该书的内容，所以需要考证方以智是否接触过此书。根据他书中的某些知识条目与《崇祯历书》的某些内容的比较以及《崇祯历书》（包括入清后的《西洋新法历书》）的刊行与流传情况来看，我们推断方以智应该能接触到此书。一是，《崇祯历书》在明季开始编纂阶段是随编写、随刊发的，当时在京的士大夫阶层应会有流传，其父方孔炤《崇祯历书约》即因此而成。方以智有可能通过此渠道接触。二是，入清以后，《西洋新法历书》流传较广，影响甚大，有清一代的很多学者都对西洋历法感兴趣，如王锡阐的《五星行度解》和梅文鼎的《五星纪要》对行星运动规律的研究都采纳了该书中的欧洲古典天文方法。因此，对天文历法非常感兴趣且极为关注的方以智也应该能通过民间渠道获得此书。三是，方以智1640—1644年在京期间与

---

❶ 徐宗泽：《明清间耶稣会士译著提要》，上海书店出版社，2006年，第207页。

耶稣会士汤若望交往甚密,"与家君交最善"❶。作为《崇祯历书》最后的
修缮整理者,汤若望是存有此书的,而当方以智向其请教与该书有关的西
学知识以解当年在南京"多所不解"之苦时,他向其出示此书以授其内容
是完全有可能的。方以智对天文历法知识兴趣一直很高,可谓嗜好,康熙
四年(1665)除夕,他赐予中通的一首表达逃禅后苦于无人探讨天学之烦
恼的小诗可证:"念汝随余学,环中竟左旋。冬春看两度,首尾算三年。
风送新花雨,诗将旧梦圆。冲之(祖冲之)传历意,谁与问青天。"❷ 因
此,他既与汤氏交往深厚,想必应该不会放弃向汤氏索阅此书。而且此间
也是方以智集中力量修改《通雅》《物理小识》的时间,就《崇祯历书》
中的天文历法知识向汤氏讨教是极有可能的。四是,《物理小识》卷二有
"地动地游说"虽引自古书,但其中比喻与《崇祯历书》引《天体运行
论》如出一辙。前者曰"如人在舟中,舟行而人不觉"❸,后者曰"如人
行船,见岸树等,不觉己行而觉岸行"❹。方以智是否因读过《崇祯历书》
而认为此论与中国古代地动说可相互印证才接受此说? 另,"西国近以望
远镜测太白,则有时晦,有时光满,有时为上下弦,计太白附日而行远
时,仅得象限之半,与月异理。因悟时在日上故光满,而体微时在日下,
则晦,在旁,故为上下弦也。晨星体小,去日更近,难见其晦明,而运行
不异太白,度亦与之同理"❺。《物理小识》"远近分轮细辩"条为《崇祯
历书 测天约说》卷上"名义篇等一·大圆名数"的内容引自熊明遇《格
致草》的可能性极大,但亦不排除直接引自《崇祯历书》的可能。由上可
知,方以智接触并阅读《崇祯历书》的可能性是非常大的。

---

❶ 方中通:《陪诗》卷二,载任道斌《方以智年谱》,安徽教育出版社,1982 年,第 101
页。

❷ 方中通:《陪诗》,载余英时《方以智晚节考·附录》,三联书店,2003 年,第 258 页。

❸ 方以智:《物理小识》,商务印书馆,1937 年,第 52 页。

❹ 徐光启等:《崇祯历书》,上海古籍出版社,2009 年,第 352 页。

❺ 方以智:《物理小识》,商务印书馆,1937 年,第 20 页。

（二）重视实证方法，忽视逻辑方法

前已有述，方以智对西方科学的重观测与重验证的方法十分欣赏，他在自己的著作中对其多有征引，在实践中亦将此种方法作为研究自然事物的基本方法。可以说他提出的质测之学即是以"儒家的'格致'与西学的观察与实验的合一"❶。方以智对西方实测方法的认可首先来自他对耶稣会士传入与制造的观测仪器的了解。一方面，通过阅读《崇祯历书》的"法器"部分，《天学初函》中的"简平仪说""浑盖通宪图说"与"表度说"以及熊明遇《格致草》中介绍天文仪器的部分，方以智对欧洲人使用的天文仪器如简平仪、望远镜、自鸣钟、地球仪等有了较多了解。另一方面，他自己在汤若望的指导下曾使用过望远镜，对其性能亦有相当认识。此外，在汤若望的居所，他或能看到并有机会向汤氏学习更多关于观测仪器结构与使用方法的知识。由于深知西人仪器的精良，所以方以智对西人的实测方法也是十分肯定的。也因此，他在引用一些知识条目时常会强调其观测方法的可靠性，"今以简平仪测天星，每二百五十里差一度"❷，"西学以窥天镜窥之，皆为至细之星"❸，"西国近以望远镜测太白，则有时晦，有时光满，有时为上下弦"❹。方以智对西人实测方法的肯定还来自于对中西历法等知识的比较。如对中西置润方法与岁差计算的比较，他发现西法确实优越于中法，而重实测即是其优越性的主要原因之一："天道十年一变，实无时不变也。今大统本于授时，授时本于大明，千二百余年于此矣，焉得无差。而西历于万历癸丑方经改定，崇祯戊辰尚多测改，其疏密可知也。至于五星，则自张氏至今千余年人未问及，测步不合，委之失行，何以西历推其经纬更真于日月邪。法更立正弦余弦正切余切正割余割等线，始以三角对数法为测量新义，详见《天步真原》。樊曰，列宿有进

---

❶ 董光璧：《易科学史纲》，武汉大学出版社，1993年，第245页。
❷ 方以智：《物理小识》，商务印书馆，1937年，第19页。
❸ 方以智：《物理小识》，商务印书馆，1937年，第440页。
❹ 方以智：《物理小识》，商务印书馆，1937年，第20页。

退，度数有增减，日月有上跳下跳，黄赤相距有远近，非特古今之不同，究时时有差变也。未可立一定法算，惟随时测之乃准耳。"❶ 再如，西人重实测、重验证的方法论原则也贯穿于其他知识领域，如地圆说、人的身体结构等，也都经过实际验证，因而可以确信。因此，方以智对西方科学的重实测、重验证的方法论特征非常欣赏，不但在自己的著作中多有引用，在学术实践中亦多运用之，对此方中通有对其科学研究方法的准确总结，"（《物理小识》）此贵质测，征其确然"❷。尤为重要的是，他还意识到实证方法对于改造当时理学末流与王学末流"舍物言理""空穷其心"的虚窈学风以及改造自汉以来的整个儒学学术传统的重要作用，同时还身体力行地把重实证的方法用于自己的科学研究与经学研究中。前者使其提出了以实测方法研究自然事物的"质测之学"，为儒学开出一条通向经验科学的可能之路；后者使其将明季的考据学引向严格考证的道路，成为开清代考据学先河之人。

方以智对实证方法的认识已触及西方科学本质的一个侧面，这是非常可贵的。但是，对于同样重要的西方科学的另一重要方法论特征——形式逻辑方法他却未予以应有的重视。逻辑理性是西方科学本质的另一个侧面，因为形式逻辑体系与系统实验是西方科学得以产生与发展的两个必要基础。❸ 当时耶稣会士译介的逻辑学著作有《几何原本》和《名理探》，另，《寰有诠》中也包括部分逻辑学的知识。从方以智与西学接触的情况来看，这几本书他应都有所涉猎。对于《几何原本》的演绎逻辑方法，徐光启在"译《几何原本》引"与"《几何原本》杂议"中对其中蕴含的逻辑的严密及逻辑的功用评价得准确而详细："十三卷中五百余题一脉贯通，卷与卷、题与题相结倚，一先不可后，一后不可先，累累交承，至终不绝也。且言实理，至易至明，渐次积累，终竟乃发奥微之义，若暂观后来一

---

❶ 方以智：《物理小识》，商务印书馆，1937 年，第 449 页。
❷ 方以智：《物理小识》，商务印书馆，1937 年，编录缘起。
❸ 爱因斯坦：《爱因斯坦文集》第一卷，许良英等译，商务印书馆，1976 年，第 574 页。

二题旨，即其所言，人所难测，亦所难信，及以前题为据，层层印证、重重开发，则义如列眉，往往释然而笑"❶，"此书四不必，不必疑，不必揣，不必试，不必改。有四不可得：欲脱之不可得，欲驳之不可得，欲减之不可得，欲前后更置之不可得"❷。基于对《原本》的深刻认识，徐光启还指出，此书能够训练学者严密推论的思维习惯，改造学者的虚浮之气，同时其推论方法也是儒者致知明理的不二法门，依于此儒家格物致知才能走向扎实探究之路。"此书为益，能令学理者祛其浮气，练其精心；学事者资其定法，发其巧思。"❸ "夫儒者之学，亟致其知；致其知，当由明达物理耳。物理渺隐，人才玩昏，不因既明，累推其未明，吾知奚至哉。"❹

李天经在《名理探》序中对逻辑方法的作用亦有清楚表达："研理者，非设法推之论之，能不为谬误所覆乎？……舍名理探而别为推论以求真实、免谬误，必不可得……名理探在众学中亦施其光焰，令无舛迷，众学赖之以归真实。"❺ 所以他同样认为此书三段论的推论方法即是改造格物致知的有效工具，"三论明而名理出，即吾儒穷理尽性之学端必由此"❻。这是说，《名理探》的形式逻辑方法是推论真实之理的最佳方法，儒者格物穷理由虚转实端必赖此。"世乃侈谭虚无，诧为神奇，是致知不必格物，法象都捐，识解尽扫，希顿悟为宗旨，而流于荒唐幽谬，其去真实之大道，不亦远乎？西儒傅先生既《寰有诠》，复衍《名理探》十余卷，大抵欲人明此真实之理，而于明悟为用，推论为梯，读之其旨似奥，而味之其理皆真，诚也格物穷理之大原本哉。"❼ 这是说，王学讲"致知不必格物"，以顿悟为宗旨而最终流于幽谬荒唐，而傅先生的《寰有诠》与《名理探》讲的推论明理之法才是让人明悟真理的大原本。

---

❶ 朱维铮：《利玛窦中文著译集》，复旦大学出版社，2007 年，第 301 页。
❷ 朱维铮：《利玛窦中文著译集》，复旦大学出版社，2007 年，第 305 页。
❸ 朱维铮：《利玛窦中文著译集》，复旦大学出版社，2007 年，第 305 页。
❹ 朱维铮：《利玛窦中文著译集》，复旦大学出版社，2007 年，第 298 页。
❺ 徐宗泽：《明清间耶稣会士译著提要》，上海书店出版社，2006 年，第 149 页。
❻ 徐宗泽：《明清间耶稣会士译著提要》，上海书店出版社，2006 年，第 149 页。
❼ 徐宗泽：《明清间耶稣会士译著提要》，上海书店出版社，2006 年，第 148 页。

但是对徐、李等人如此强调的逻辑方法在方以智那里却被轻视甚至忽略。一是，无论是其博物学著作《物理小识》《通雅》（侯外庐老先生等前辈称为科学著作），还是哲学著作《东西均》《药地炮庄》等，他几乎从未提及西方逻辑方法，更遑论以逻辑方法改造传统科学与整个传统学术。二是，唯一提及逻辑学方法的是杂文集《曼寓草》中的哲学小品文《两端之中》。但此篇却认为逻辑名理不过是论证西方神学造化之说的诡辩论，对此他是持批判态度的："或曰：……设曲巧，幸造化，可以得矣，然而未知也。其未可以必之理均，而弃义从邪，先多一失矣。由是观之，将取畸士之巧说乎？将由圣人之中道乎？樱以畸士之巧辩而不动者，真不惑也。"❶ 当然，《名理探》固然夹杂着零星的神学论断，对于极力反对西方神学的方以智来说会有反感，但其主要内容是讲解亚里士多德的形式逻辑，而他竟未察觉其对改造儒学的重要性那就是重大失误了。另，《几何原本》虽然对一般文人来说很难理解，但是至少通过徐光启的介绍他能够了解其功能，尤其是徐氏对逻辑方法的"金针绣于从君看"生动比喻，作为一个深具洞察力的学者竟未引起丝毫注意就有些不可思议了。因为不理解西方科学的形式逻辑方法就很难以认识西方科学之内在价值——理性精神，而对西方科学的学习也只能停留于其工具理性层面或曰实用理性层面。

第二节 方以智接受西方科学的局限性

方以智的实学立场对其接受西方科学既有积极作用又有消极作用。积极方面是对技术性与实用性知识的积极学习与接纳，对极具说服力的实测方法的赞叹与欣赏；消极方面是对原理性知识与逻辑方法的忽略。但是后者恰恰是西方科学最本质的东西，也是我们最应该学习的东西。因为，没有原理性的知识，实用性知识就是无源之水、无本之木，终将会失去发展

---

❶ 方以智：《浮山文集前编》，卷五，清康熙此藏轩刻本，第59 – a 页。

的前途，就像许多地区的传统科学一样难以走向近现代科学；没有形式逻辑方法，科学及其民族的整个学术传统也因无法建构理论体系而只能停留于前近代的水平。具体来说，方以智接受西学的局限性有二：经世致用的功利主义态度，以易学统御西方科学的实学观。

一、经世致用观念下的功利主义态度

基于实学经世观念的功利主义态度影响了方以智对西方科学的认识与吸纳。以西学为实学，以西学补益儒学，不自方以智始，徐光启和李之藻早已认定西学尤其是西方科学所具有的实学品格。徐氏称，西方的数学能够"绝去一切虚悬幻妄之说"，认为其"裨益当世，定为不小"。❶ 李氏则认为，西方科学"总皆有资实学，有裨世用"❷。方以智亦看到了西方科学在知识和方法方面所具有的实学特征：既有准确、实用、有效的自然知识，又有重实测、重证据的实证方法。因此，他认为借助于西方科学对天文、历算、地理、生物等质测之学的研究不但可以纠正理学家"舍物言理""扫物尊心"脱离实际的弊病，又可以其实证方法改造儒者洸洋自恣、主观臆断学术研究之传统。理学末流因专注内心世界而走向了谈空说玄、"偏高吊奇"的务虚之路，而理学家的务虚之病恰恰显出儒学之缺陷，即儒学一向以伦理为中心，对自然现象等形而下的事物的研究始终处于附属地位。朱子虽然开出外向求知的可能路径，但却未被后学广泛传承。因为朱子之讲究研究外物目的在于体认"天理"，在尊德性的大方向上与陆子和阳明并无二致。所以，方以智看重了西方科学以实证方法研究实际事物的实学品质，将其视为挽救理学虚玄衰颓之风的有效工具。一方面，他积极学习与吸纳西方科学知识，以之补充儒学所无，倡导儒者关注于自然事物，"寂感之蕴，深究其所自来，是曰通几。物有其故，实考究中通认为

---

❶ 徐宗泽：《明清间耶稣会士译著提要》，上海书店出版社，2006 年，第 197 页。
❷ 徐宗泽：《明清间耶稣会士译著提要》，上海书店出版社，2006 年，第 195 页。

该书与同类著作相比较的特点就是"此贵质测，征其确然"❶。而后者对于文献典籍的考证亦坚持"言必有证""据有所出"的原则。但是，方以智对西方科学的学习与吸纳，无论在知识方面，还是在方法方面都源于补益儒学和扭转儒学虚浮学风的实学目的，都有强烈的经世观念和功利主义色彩，这与他所处的社会环境及儒者所要解决的时代任务是分不开的。方以智年少时即怀有经世抱负，重视务实之学，"今天下脊脊多事，海内之人不可不识，四方之势不可不识，山川谣俗，纷乱变故，亦不可不详也"❷。但当时的局势却使他满腹经纶而无用武之地："十二诵六经，长益博学，遍览史传，负笈从师，下惟山中，通阴阳象数、天官望气之学，穷律吕之源，讲兵法之要，意欲为古之学者，遇时以沛天下，而未之逮也。"❸ 因此，他选择了读书、著述这条学术经世之路，并欲以重视知识、尤重研究形而下的客观知识之思想与方法挽救儒学衰颓之风，《通雅》与《物理小识》便是其很早就着手的实学著作。也因此，技术性与实用性知识以及极具说服力的实测方法才毫无障碍地被他吸纳，而一时难以看到实效的原理性知识与逻辑方法反而被忽略了。

方以智对西方科学知识和方法层面的积极吸纳与对原理性知识及逻辑方法的忽略，使我们看到儒家实用理性的文化精神对士人学习异域新知的不利影响，更使我们意识到，仅以补益儒学为目的，吸取其具有工具价值的部分而忽略其最根本的内在价值——理论理性，或曰仅以其知识与方法对儒学作局部的修修补补是难以奏效的。

二、兼采西学，统归于《易》

方以智兼采西学，统归于《易》的治学原则影响到他对西方科学内在

❶ 方以智：《物理小识》（序），商务印书馆，1937年，编录缘起。
❷ 余飏：《芦中全集》卷五《送佺儿游粤序》，载罗炽《方以智评传》，南京大学出版社，1998年第36页。
❸ 方以智：《七解》，载《浮山文集前编》卷七，清康熙此藏轩刻本，第31-a页。

价值的认识与研究深度。因为对方以智来说，无论是以西方科学补充儒学知识体系，还是以其实证精神与方法矫正儒学衰颓之风，西方科学都仅具有工具性价值，他的实学归宿是其家传易学，"兼采西学"只是手段，"统归于易"才是目的。

"兼采西学""统归于易"意为借西方科学之优长来充实和发展易学，是方以智对其父方孔炤易学思想的继承。方孔炤因感明亡之忧患而作《周易时论》，借此避虚就实，以为时用，"天下之无人也不讲实学，不达时变。诡随藉高谈恣其冤贤纵盗之口，故教日以衰……学术榛芜，世道交丧，悼亡在此，伤化在此。吾为此惧。以报天下，以报宗祖。三径十年广家传之易，而以庚辰圆中与石斋黄公摹据者，阐邵申朱，著成时论"❶。承其父愿，方以智亦提出阐释易理，会通古今中西的原则，"智每因邵蔡为嚆矢，征河洛之通符，借远西为郯子，申禹周之矩积"❷，"尝借泰西为问郯，或然表法，反复卦策，知周公、商高之方圆矩积全在于《易》，因悟天地间无非参、两也"❸。所以其学习西方科学除了以其知识与方法补益儒学之外，充实与发展易学亦是重要原因，但他最终将西方科学统归于易学，也就是以易学统御西方科学却造成其学习的不彻底。

首先，方以智认为易学涵括宇宙万物之理，是天地间一切事物的最高的解释框架，因而他很容易忽略西方科学异于传统科学的内在机制。"易统三才万法，而此中秩序变化具焉"❹，"少受河洛于王虚舟先生，又侍中丞于法司，闻黄石斋先生之《易》，别有折中论说。此天人大原，象数律历之微，尽本诸此"❺。也就是说，自然、社会、人生各领域之事理皆备于易，只要把握易理就可通晓天下之理了。而对于易理的把握主要包括两个

---

❶ 郑三俊：《方贞述先生墓志铭》，载张永堂《明末方氏学派研究初编·附录》，台湾学生书局，1987 年，第 8 – 9 页。

❷ 方以智：《物理小识》，商务印书馆，1937 年，第 3 页。

❸ 方以智：《浮山文集前编》，清康熙此藏轩刻本，第 59 – a 页。

❹ 方以智：《青原志略》，华夏出版社，2012 年，第 85 页。

❺ 方以智：《通雅》，上海古籍出版社，1988 年，第 5 页。

层次，一是最高层次的至理，即他所谓"凡相因者皆极相反"的辩证法原理❶，二是阴阳二气与生克制化等具体的解释机制。因此，方以智虽通过学习西方科学而发现了一个探究事物内部机理的质测之学，但在家传易学面前，他总是又回归于传统的解释机制。如对雷、霜、雪等自然现象的解释，"（雷）阳在内而欲出，故声"❷，"霜前冷者，阴气在先，露遇阴逼而为霜，故先冷也，雪后寒者，阳气在先，水逼阳死而成雪，故后寒也"❸。上述自然现象在方以智比较熟悉的《泰西水法》中都有分析，但是方以智并未引用，而是依然采取传统的阴阳二气之解释模式。从现代科学的角度来说，这种对自然事物成因的解释其实是很笼统模糊的，最多只能算作哲学层次上的说明，而非科学层次上的解释。❹ 因此，尽管方以智在很多时候也能以自然本身来考察自然事物的成因，但对于传统解释机制的固守却使其难以真正认识与接受西方科学那种探究事物因果关系的内在机制与追求原理性知识的内在精神。

其次，方以智还以"征之于象数"为"格通物理"和"至理"的基本方法，因而很容易使其把易学的象数方法与西方的数学方法相混淆，因而难以发现数学方法对于研究事物的重要性。方以智认为"有物必有象，有象必有数"❺，象数是自然事物之理的表征，人们能够通过"象数"去认识"理"。"为物不二之至理隐不可见，质皆气也，征其端几不离象数，彼扫器言道，离费穷隐者，偏权也。日月星辰，天悬象数如此，官肢经络，天之表人身也如此，图书卦策，圣人之冒准约几如此……胡康侯曰：象数者天理也，非人之所能为也，天示其度，地产其状，物献其则，身具其符，心自冥应，但未尝求其故耳。学者静正矣，不合俯仰远近而互观之，

---

❶ 方以智：《东西均》，庞朴注，中华书局，2001 年，第 87 页。

❷ 方以智：《物理小识》，商务印书馆，1937 年，第 36 页。

❸ 方以智：《物理小识》，商务印书馆，1937 年，第 37 页。

❹ Benjamin A. Elman：*On Their Own Terms*（*science in China1550 – 1990*），Harvard University Press，2005.

❺ 方以智：《东西均》，庞朴注，中华书局，2001 年，第 201 页。

又何所征哉?"❶ 就是说,对所有自然事物的研究都依赖于表征其理的"象数"。这里不但在方法上陷入易学窠臼,而且从外部探究事物之理的科学认识论也与邵雍反观内省的认识论纠缠在一起了。其子方中通深得其传,亦对易学有迷恋情节,"老父合山衍易时,通得侍左右,始知《易》备万物之数,而《河》《洛》'中五'为阴阳之大符,人安可不学《易》乎?欲学易又安可不学数乎?"❷ 又说:"先君教之曰:'《易》以象数为端几,而至精、至变、至神在其中。'"❸ 所以,方以智虽然重视数学,还令方中通向耶稣会士学习西方数学,但他所强调的"象数"主要是指其"中五"理论,他具体解释为"大一分为大二,而参两以用中五,从此万千皆参五也,皆一贯也。三教百家,造化人事,毕于此矣。处处是河洛图,处处是○∴卍,行习而不著察耳"❹,"夫中五而用参两者,乃折摄宇宙万法之纲宗也"❺。方中通承其父训亦将数之源归于河洛:"通尝侍先君子浮山衍《易》,教以一切征籍河洛。通因悟九数告为勾股,勾股出于河图,加减乘除出于洛书,诸算无非方圆参两所生。"❻ 笔者推测,方以智大概以为易学象数和西方的数学有相通之处,所以希望能够以西方数学以补益易学象数,这是他会通中西学术的一个非常重要组成部分。由此,我们也可发现其中存在的几个问题:一是,认为易学象数与西方数学相通,即混淆了二者的异质性,从而使方以智难以看到西方数学方法逻辑理性的本质。虽然在传统数学中被称为"通神明,顺性命"的内算之学,即缀术与三式部分,与《九章》所载的"经世务,类万物"的外算之学并无明显区别,但随着西方科学的传入,徐光启、李之藻等开明士人对数学的认识已发生较

---

❶ 方以智:《物理小识》,卷一,商务印书馆,1937 年,第 1 页。

❷ 方中通:《数度衍》凡例,载《中国古代科学史论》,京都大学人文科学研究所,1960 年,第 173 页。

❸ 方中通:《与梅定久书》,载张永堂《明末方氏学派研究初编·附录》,台湾学生书局,1987 年,第 256 页。

❹ 方以智《易余·目录》,安徽博物馆手抄本。

❺ 方以智:《青原志略》,华夏出版社,2012 年,第 127 页。

❻ 方中通:《陪古》卷一,转引自严敦杰《方中通数度衍评述》,《安徽史学》,1960 年第 1 期。

大变化，对二者做了明确区分，且徐氏对传统象数学的批判还是很严厉，这一点未能被方以智所继承也是很遗憾的事。二是，一旦将西方数学回归于易，将数之源归于河、洛，那么其学习西方数学的脚步也就停止了。三是，有象数方法这一探究万物之至理的法宝，其他方法如形式逻辑也就可以忽略了。因此阐扬易学既是方氏父子学习西方科学的激励因素也是阻碍其深入探究的消极因素。

综上所述，方以智在学习与吸纳西方科学方面有较大成就，但是经世致用的功利主义与"兼采中西""统归于易"的原则，却又使其学习的脚步停留于西方科学的知识与方法实用理性层面，只看到它的工具价值，而未能洞察其逻辑与理论理性的内在价值。如在趋向于探讨自然现象的原理方面，他比前代学者前进了一大步。虽然他强调研究"物理"的重要性，却依旧对"易统三才万法"的原则崇信不已，深信宇宙万物存在普遍理则与一类事物之具体理则皆存在于易，因而并未使自己走向纯粹的经验科学之路。再如，方以智研究"物理"与"至理"的学术取向已与宋明理学家专注内心追求"天理"有大不同，因而颇显出一些近代科学思想的萌芽性质，但家学渊源和他的知识水平及学术视野，使他所学知识最终又会归于《易》，而这正是阻碍他理解西方科学之内在机制并对其进行更深入研究的内在因素。此外还有很重要的一点，在西方科学的刺激下，方以智认识到"质测"方法对于研究事物的必要性和基础性，并有了以实测与分析论证的方法探究自然事物之理的自觉，但是，他同时又对易学象数推崇备至，这又阻碍了方以智对除质测方法之外的数学方法与形式逻辑方法的关注和研究。因此，他对科学的理解逊于徐光启与李之藻等人。但是，就此而言，我们至少可以认为，薮内清说的"中国缺乏对自然规律彻底追求的精神。因此中国科学的中心课题，不是从统一的规律来说明现象，而是在单纯记述现象的阶段做工作"[1] 之结论是不确的。因为在方以智身上我们已经发现了这一精神，只是因为传统文化的力量过于强大，使得这一精神的萌发与成长显得格外艰难一些。

---

[1]　薮内清：《中国中世纪科学技术史概述》，《科学与哲学》，1984 年第 1 期，第 105 页。

三、方以智对待西方科学的矛盾态度

在梳理方以智与西方科学的互动关系过程中，我们还发现，方以智对待西方科学的态度并非始终一致，而是前后是有较大变化，一是以西方科学批判传统科学的意识由强变弱甚至于无，二是"礼失求野"的思想倾向由无到有，而且有时前后的反差还非常大。这说明，方以智对西方科学的态度前后是有变化的，也可以说是矛盾的，这一矛盾反映了他面对高势能异质文化的复杂心态。

首先，方以智以西方科学批判传统科学的意识前后不一。如对一行的"分野说"，《通雅》以利玛窦传入的"星图说"对其批判得直接而彻底："利玛窦为两图，一载中国所尝见者，一载中国所未见者。天河自井接尾箕，尽垓埏万方，而分度界之，真可谓决从古之疑。一行两戒之论，辩若悬河，以今直之，皆妄臆耳。"❶"辩若悬河"与"皆妄臆耳"的评价语显示出方以智对传统科学不善实究、不予实考之弊病的深刻认识与批判态度。而同样是对"分野说"的评价，《物理小识》中口径却变化甚大："枝山前问曰：下洋兵邓老向历诸国，唯地上之物有异，而天象大小远近显晦，虽远国一切与中国无异，予因此知二十八舍分隶中土九州者，谬也。然则一行两戒何所取耶？太西破分野矣。然知其一端，而不知又有一端也，《潜草》曰：环而列之，无不可以类配应几者，以大地应天可，以中国应天亦可，以一郡应天亦可，以一室亦可。古人因此触几，其占分野，原非限定，如甲子干支亦用分野可推矣。详见周易时论。"❷ 这里邓老以亲身经历所验质疑一行的"两戒说"，与此前方以智对该理论的批判无异，但是方以智此时的回答却与他在《通雅》中的态度迥异，除了不再有以西方科学批判传统科学的态度，还搬出《潜草》"类应占几"的理论来

❶ 方以智：《通雅》，上海古籍出版社，1988，第451页。
❷ 方以智：《物理小识》，商务印书馆，1937年，第31页。

辩护，最终得出，"天地大小皆有环列应机分野，非泥说"的肯定性论断。前后态度反差之大，令人惊讶。徐光台先生认为方以智是受其父亲《周易时论合编》观点的影响，"从易学通几的观点，来看天地人的微妙相应，将分野予以合理化，因而改变了他原先在《通雅》中批判分野的见解"❶。而笔者以为，方以智对待西方科学前后的态度变化还有另外的原因，即与其文化立场有关，因为他学习西方科学的目的不是批判儒学，而是以西方科学为实学，尤其是要以其确实而有效的知识补充儒学之知识体系，以其实证的方法改造理学末流的虚浮学风，所以至其后期，他对传统科学的批判态度逐渐弱化，而维护儒学的意识开始强化。

其次，方以智"礼失求野"的思想受熊明遇与其父方孔炤的影响比较大，如在方以智曾认真研读的《格致草》中熊氏曾说："恭际我朝，天明普照，万国图书，轫于秘府，士多胥臣之闻，家读射父之典，人集郯子之官，而睿虑广延，考课疏密，以资钦若，台史业有充栋之奏。"❷ 方孔炤在《崇祯历书约》中亦流露出这一思想："万历中，有欧逻巴人利玛窦，浮海历诸国而至。其国重天学，所云静天即于穆之理也；九重天包地球，如脬气鼓豆，其质测也。子曰：天子失官，学在四夷，犹信。礼失而求诸野，不亦可当野乎？"❸ 但方以智与熊明遇和方孔炤不同的是，在他最初引介西方科学时并无此倾向，而至其中后期才日益明显。如同是介绍地圆说，《通雅》只是引用《乾坤体仪》"地是圆形"的一段内容："地与海本是圆形，而同为一球，居天球之中，如鸡卵黄在青内。有谓地为方者，乃语其定而不移之性，非语其形体也。天既包地，则二极、周度、纬度、赤道皆相应。但天包地为甚大，其度广；地处天中为甚小，其度狭。直行北方二百五十里，北极出，高一度，足征地形果圆。"❹ 此处方以智不但没有附会

❶　徐光台：《台湾近 20 年的科技史研究：近代东西文明的遭遇与冲撞取向》，《自然科学史研究》，2010 年第 2 期。

❷　熊明遇：《格致草》，载《中国科学技术典籍通汇》，河南教育出版社，1993 年，第 6 – 57 页。

❸　方孔炤：《周易时论合编·图像几表》，卷七，载《续修四库全书》，齐鲁书社，1995 年，第 21 – 273 页。

❹　方以智：《通雅》，上海古籍出版社，1988 年，第 438 页。

旧说，还对利氏传入的异域新知持赞赏的态度，"至泰西入，始为合图"❶。
而《物理小识》介绍"地是圆体"时却把黄帝及至祖冲之、一行等人都列
了出来，旨在说明该说古已有之，最后还以孔子"失礼求之野"的典故来
强调西学的源头以及今人学习西学的合法性："地体实圆，在天之中，喻
如胕豆，胕豆者以豆入胕吹气鼓之，则豆正居其中央，或谓此远西之说。
愚者曰：黄帝问岐伯，地为下乎？岐伯曰：地人之下天之中也。帝曰：凭
乎？曰大气举之。邵子朱子皆明地形浮空兀然不坠，以世无平子，冲之、
一行康节诸公耳，孔子曰，天子失官学在四夷，犹信。"❷ 另，《通雅》介
绍"九重天说"时，虽指出中国古代早有此说，但却是说前人的粗疏，而
不是强调"西学东源"："九天之名，分析于《太玄》，详论于吴草庐，核
实于利西江。按《太玄经》：九天，一中天；二羡天；三从天；四更天；
五睟天；六廓天；七咸天；八沈天；九成天；此虚立九名耳。吴草庐，
澄，始论天之体实九层。至利西江入中国，而畅言之"。❸ 也就是说，《太
玄经》与吴澄都曾讲过"九天"之论，但他们说的都是虚名，而直到利氏
东来才将其落实为宇宙结构的具体知识。可见，方以智早期以西学为实
学、积极接纳的态度的是非常坦诚的，但后期态度发生了较大变化。这应
是民族文化自尊心使然。方以智童年时期即有机会接触与学习西方科学，
成年后又加以认真研读，因此他对西方科学的实证性特征及其与传统科学
的区别应有深刻认识，也因此他早年在《通雅》中引用西方科学时，批判
意识比较强烈，而在终稿与刊刻时间相对较晚《物理小识》中，他对传统
科学的批判不仅弱化，还附带了"礼失求野"的态度与"西学东源"的思
想倾向。❹ 可能的解释是一个人思想愈成熟民族文化自尊心会愈强烈，因

---

❶ 方以智：《通雅》，上海古籍出版社，1988 年，第 1 页。
❷ 方以智：《物理小识》，商务印书馆，1937 年，第 18 页。
❸ 方以智：《通雅》，上海古籍出版社，1988，第 437 页。
❹ 《通雅》初稿成书于 1639 年，在京期间集中修改。据蒋国保教授考证，《物理小识》初稿
虽成书于 1643 年，终稿约 1664 年冬季完成，其间增补大量新材料，初稿与终稿相比有很大变动，
因此方以智思想的变化亦能反映其中。参见蒋国保《方以智与明清哲学》，黄山出版社，2009 年，
第 419 - 428 页。

此作为欲以西学为补益儒学之实学资源的方以智来说，对西方科学的看法
发生较大变化也是情理之中的。

　　方以智对待西方科学态度的变化反映了他面对高势能异质文化的复杂
态度，即虽然认识到异域知识的优越性，但其所处的文化立场决定了他最
终仍要以儒学尤其是易学统御异域新知，因此，新知只能是补益和改造儒
学的工具。这一矛盾态度也深深地影响了方以智对西方科学认识的深度与
学习的程度，这是方以智学习西方科学的又一局限性。

　　经世致用观念下的功利主义态度及其背后的实用理性文化精神、以易
学统御异域新知以及面对高势能异质文化的复杂态度是方以智接纳西方科
学局限性，也是站在实学立场的儒家学者学习西方科学时所遭遇的主要本
土文化困扰。这些问题对于今天的儒学来说，有些已经解决或克服，但有
些还在继续影响着儒学的发展，因此这也是当代致力于儒学研究尤其儒学
复兴的学者们所要面对与解决的问题。

结 语

　　明末清初西方科学与实学思潮的互动与交流是中西文化交流史上儒学与西方科学第一次大规模的接触。此间既有科学对儒学产生的各种影响，也有儒学对西方科学的接纳与排斥。本书以方以智实学思想的形成为中心，分析了实学思潮与西方科学对方以智重视知识与智性的实学思想形成的影响，也分析了在方以智实学思想形成过程中二者相互影响、相互碰撞，互动交流的关系。对耶稣会士将西方科学输入中国过程中所做的文化调适以及西方科学对实学思潮的影响，已有研究成果颇丰，学界主流也有比较一致的结论。因此，此处我们重点分析儒学对科学的态度，以及由此表现出的儒学自身的缺陷与儒学吸收异质文化实现自我突破的可能性与局限性。同时，也提出我们对于儒学未来发展的几点想法。

一、儒学对科学：有热情拥抱、亲密接触的一面

　　儒学与科学的关系，尤其是儒学对科学的产生与发展的作用，一直是存有争议的一个问题，早在20世纪30年代中国科学技术史专家李约瑟先

生在分析儒家对待自然科学的态度时曾说："在整个中国历史上，儒家反对对自然进行科学的探索，并反对对科学技术做科学的解释和推广。"❶ 持这一观点或类似观点的学者至今仍为数不少，如 2012 年清华大学宫鹏教授在《自然》杂志上发表的《传统文化阻碍科学》一文，就着重分析了儒家与道家对科学研究的阻碍因素。但是，由方以智的个案分析我们发现，在儒学框架内，科学有其存在与生长的空间，对于西方科学，儒学也有供其切入的衔接点，方以智对西方科学的积极吸纳与研究即可证明。而西方科学对方以智在具体知识、研究方法、"格物致知"论层面的影响以及儒学因此而发生的诸多变化也证明了儒学对科学的吸收能力与包容性。因此，儒学对科学有热情拥抱、亲密接触的一面。而且不止方以智，在其之前思想开明的士人对待西方科学的态度都是积极的、认可且接受的，评价也是非常高的。徐光启、李之藻等科学造诣较深的西学派且不用说，就连不懂科学的大学士叶向高也认为，利玛窦翻译《几何原本》乃是一件居功至伟的大事。因此，明末清初西方科学东来，急于挽救儒学衰颓之风的开明士人都希望其能够成为改造儒学的有益资源。在实践上，他们积极地与耶稣会士合作翻译西书，并为其撰写序跋，出资刊刻，努力为异域知识提供生长与传播的空间。据钱存训先生的《近世译书与中国的现代化》统计，1584—1790 年，耶稣会士翻译或与中士合作翻译的科学书籍达 131 本，占总译书量的 30% 以上。❷ 这从一个侧面反映了当时科学书籍在士人中的传播空间是比较大的。同时，这也说明儒学与科学是存在某种关联性质的，金观涛教授就曾指出，"之所以西方的自然科学比宗教、社会文化思想更容易吸引明末以来的儒家知识分子，其中一个重要原因是，在这一时期科技与儒家的内在追求恰好存在某种内在关联"❸。当然金教授说的"内在关

❶ 李约瑟：《中国科学技术史》第二卷，科学思想史卷，科学出版社，1990 年。
❷ 钱存训：《近世译书与中国的现代化》，《文献》，1982 年第 2 期。
❸ 金观涛：《从"格物致知"到"科学""生产力"——知识体系和文化关系的思想史研究》，《"中央研究院"近代史研究所集刊》，台湾"中央研究院"近代史研究所，2004 年 12 月，第 108－109 页。

联"是指儒家"格物致知"观念在"经世"与"穷理"两个层面的联系或曰交叉面。实际上,儒学与科学还存在更多的联系和更大的交叉面。

由此,我们不难想到自清末至民初,开明儒者对西方科学的态度。从洋务运动对西方技术设备与西方学校教育的引进,到严复对进化论的大力宣传与对西方实证主义思想的吸纳,无一不是想从西方科学那里汲取有益的东西改造儒学,积极地引进与传播,并为其生长提供广阔空间。因此,前述"儒学阻碍科学论"与"儒学不需要科学论"的观点是有失偏颇的。

通过方以智的个案分析,我们还发现儒学与科学的关系是一种历史的动态关系,在不同的历史时期儒学与科学的关系也是有发展变化的。因为,在实学思潮的大背景下,方以智对西方科学是积极学习与接纳的,虽然他对西方科学的吸纳因其实学立场而受到某些局限,从而使他的学习并不彻底,甚至忽略了其非常核心的东西,但是他的学习与研究不但充实了儒学原有的知识体系,改造了旧有的学术研究方法,促进了西方科学的传播,同时还引起他自己对知识理解的变化与其"格物致知"思想的变化。因此,儒学对科学,不只是排斥与阻碍作用,在特定的历史时期,儒学亦曾作为接纳科学的文化土壤对科学的引进与传播起过积极的作用。也因此,儒学与科学的关系亦应当以历史的态度与发展的眼光来对待。当然,我们还希望这一个案所折射出的儒学接纳科学所表现出的缺陷能够继续引起当代学者的关注,如此才能为今天儒学的复兴提供有价值的启示,这也是本书的最终目的。

二、儒学与科学:复杂的、多元的、矛盾的

从前述方以智对西方科学的态度与学习情况还可发现,明末清初儒学与科学的关系表现非常复杂,且呈现出多层面的特征,包括矛盾关系。但在复杂多元的关系呈现中,也突显出儒学的缺陷和弊端,从而为我们认识与改造儒学提供了契机。

（一）开放性与保守性兼具

总的来说，首先，实学思潮中的儒家学者对西方科学的态度是开放的，方以智即是典型一例。虽然他处于西学东渐第一次高潮的波谷阶段，但他在九岁时，即他的中学基础尚未打牢时就有机会向熊明遇学习西方科学❶，1634—1639 年流寓南京期间又有机会研读西书，因此他早年对西方科学的兴趣以及与西士讨论科学的热情并不亚于当年徐光启、李之藻等人。"（利玛窦等西士）其国有六种学，事天主，通历算，多奇器，智巧过人。著书曰《天学初函》，余读之，多所不解……顷南中有今梁毕公，诣之问历算奇器，不肯详言，问事天，则喜，盖以《七克》为理学者也。"❷ 另他还有诗赠毕方济："先生何处住？长揖做神仙。言语能通俗，衣冠更异禅。不知几万里，尝说数千年。我厌南方苦，相从好问天。"❸ 而当他得到《西儒耳目资》一书时也欣喜万分，认为其中的辅音、元音与及重音的标法可以"证明吾之等切"❹。当然此前有机会得西士亲自指导的徐光启、李之藻等开明士人对西学热情拥抱的态度亦十分可嘉，"士大夫与西士咸与晋接"的场面足以证儒家学者对异质文化的开放态度。这里既有徐光启对西方数学的高度赞扬，"几何原本者，度数之宗，所以穷方圆平直之情，尽规矩准绳之用也…… 由显入微，从疑得信，盖不用为用，众用所基，真可谓万象之形囿，百家之学海"❺，也有李之藻"遐方文献何妨兼收并蓄，以昭九译同文之盛，其裨实学、前民用如斯者，用以鼓吹休明，光阐地应，比夫献琛辑瑞，倘亦前此稀有者乎"的热烈拥抱❻；还有毕拱辰获知

---

❶ 徐光台：《熊明遇与幼年方以智》，《汉学研究》，2010 年 9 月，第 28 卷第 3 期。

❷ 方以智：《滕寓信笔》，载方昌翰《桐城方氏七代遗书》，清康熙此藏轩刻本，第 26 - a 页。

❸ 方以智：《流寓草》卷四，清康熙此藏轩刻本，第 7 页。

❹ 方以智：《滕寓信笔》，载方昌翰《桐城方氏七代遗书》，清康熙此藏轩刻本，第 34 - a 页。

❺ 徐宗泽：《明清间耶稣会士译著提要》，上海书店出版社，2006 年，第 197 页。

❻ 徐宗泽：《明清间耶稣会士译著提要》，上海书店出版社，2006 年，第 205 页。

新知的惊叹:"余幸获兹编,无异赤手贫儿蓦入宝山,乍睹灵玑碎璧,已不胜目眩心悸,骨腾肉飞,遑待连城采、照乘夜光哉,遂急授之梓。"❶

其次,儒学在知识体系与方法层面也是开放的。从方以智实学思想与实学实践中,我们还发现,儒学对西方科学知识与方法层面的接受是比较容易的。一方面,西方科学很快被吸收进儒学的知识体系中。以《物理小识》为例,此书虽主要是对传统科学与实用技术的记录,但其中引用西学知识之频繁亦值得关注,其中仅引用《职方外记》就有六十多处,从引用内容来看,天文历算、地理、物候、机械、生理等方面方以智都十分感兴趣。另一方面,方以智对其实证方法亦颇为信服,因此,他不但在将该方法运用至自己的学术实践,而且还欲将其作为改造哲学的基本方法。徐光启、李之藻等人对西方科学的认识与吸纳亦达到很高的程度。徐光启对《几何原本》及其演绎逻辑方法的推崇、李之藻对中西数学的会通工作、王徵对西学机械制造的热衷,以及他们与耶稣会士合作译著的科学书籍、创译的许多科学名词,至今仍有很高的价值。因此,从实学思潮诸人物对西方科学的学习与吸纳的情况看,我们很难得出儒学必然排斥科学或阻碍科学的结论。

再者,在西方科学的刺激下,儒学某些核心概念的内涵也有所变化,与之相应,士人的相关思想观念发生了变化,如我们前面所分析的方以智对传统"格物致知"论的突破。"格物致知"从《大学》开始就是作为德性修养方法而出现的,其认识论内涵是非常弱的,但是徐光启、方以智等人在接触西方科学之后,视其为吾儒"格物穷理之学",因而扩大了这一概念的内涵,增强了其认识论的意蕴。尤为重要的是,儒者对轻视自然知识的观念或曰对待自然科学的态度有了很大改变。虽然,他们还未使自然科学完全与德性之学脱离,但对于有着两千多年认识伦理化传统的儒学社会,认识到知识的重要性且将知识提高至与德性同样高的地位,这一重大转变也说明了儒学开放的一面,它不拒绝学习新鲜有益的东西。

---

❶ 徐宗泽:《明清间耶稣会士译著提要》,上海书店出版社,2006年,第238页。

但儒学也是保守的。因为，在方以智的思想中我们也看到了儒学传统的若干观念还在其思想深处顽强固守。如伦理中心主义的传统。儒学自孔子奠定了以"仁"为核心的德性论基调以后，德性统帅知识，认知归属于伦理就是其基本的价值观念，所以儒学自始至终未发展出客观认知，因此亦难以发展出科学。方以智以其独到的眼光和见识提出了以自然事物为研究对象的"质测之学"，意识到其在学术体系中的独立地位，但他的肯定又是不彻底的，因为他虽将"物理"与"宰理"并立，但最后仍强调"德性与学问本一"，"德性、学问本一也，而专门偏重，自成两路，不到化境，自然相訾"，"大悟者以学为养"❶。再如，士人对易学的崇奉，儒家一向以《易经》为五经之首，方以智的父亲方孔炤甚至把研究易学视为省时救弊的重要责任。因此，方以智才将西方科学统归于易。因此，儒学对科学在知识与方法层面是开放的，其某些概念亦可以吸收科学所带来的新内涵，但在最为深层的价值观方面却是保守的。因而儒学在知识与方法层面，即文化纲领的外围地带的开放性与文化内核的保守性是矛盾的，这一矛盾性影响了它对西方科学的认识深度与吸纳程度，因为没有基本价值的支持，对知识与方法的学习不可能走得太远。

（二）实用理性的双重作用

实用理性是中国传统思想的特色，作为一种文化基因它几乎深深地植根于传统文化的每一领域，同时也烙印于华夏民族的每一个体身上。所以，方以智对西方科学的选择性吸收表面看来是实学经世观念所致，其深层原因则是儒家的实用理性所导致的功利主义选择。但无论对于方以智还是明末清初实学思潮，实用理性对西方科学的输入都起到了积极作用，虽然它也阻碍了士人对西方科学理论理性之特质的认识。

首先，实用理性对明末清初的西学东渐有促进作用。因为经世观念与西方科学在价值观上有衔接之处，士人正是以西方科学所具有的实学品格

---

❶ 方以智：《东西均》，庞朴注，中华书局，2001年，第185页。

才对其大加赞赏并学习引进的。如对西方科学推崇备至的徐光启就称耶稣会士皆"实心、实行、实学，诚信于士大夫也"❶。其传入之学不仅阐诸实理，而且深有益于国计民生，在受利玛窦之托所写的"译《几何原本》引"中他从国政、边防至农事、商贾等多个领域阐明了数学的经世功能，"（数学）所关世用，至广至急也"❷。王徵对传入之奇器感兴趣亦是因为其益于民生日用，"学原不问精粗，总期有济于世"，"兹所录者，虽属技艺末务，而实有益于民生日用，国家兴作至急也。倘执不器之说而鄙之，则尼父系《易》，胡以又云备物制用，立成器以为天下利，莫大乎圣人"❸。所以李之藻认为，西学"皆有资实学，有裨世用"❹。他还设计过一个宏伟的译书规划，希望十年之内翻译一批有益于国计民生的西书，即"有益世用者，渐次广译"❺。不只方以智，西学东渐中的多数士人对西方科学的认识与学习都是从经世观念切入的。因此，在明末清初实学思潮中传统思想的经世致用观念推动了士人对西方科学的学习与引进，其积极作用是明显的，这从当时士人与耶稣会士翻译的西学著作及其所做的中西科学会通工作的成就即可看出，钱存训、刘钝、江晓原等前辈学者对此都有专门研究。❻

但是，对经世致用的强调也容易使人仅重视实用性知识，而忽略理论理性层面的内容，抑制了士人对西方科学内在价值的认识。所以不但方以智在学习与引用西学时偏重于传统大一统技术类知识与日常生产与生活知识，其他如徐光启、李之藻等人亦有如此倾向。徐、李二人对西学特质的理解都很深刻，如李之藻夸西学的追根究理说，"不徒论其度数而已，又

---

❶ 徐宗泽：《明清间耶稣会士译著提要》，上海书店出版社，2006 年，第 241 页。

❷ 徐宗泽：《明清间耶稣会士译著提要》，上海书店出版社，2006 年，第 200 页。

❸ 徐宗泽：《明清间耶稣会士译著提要》，上海书店出版社，2006 年，第 234 页。

❹ 徐宗泽：《明清间耶稣会士译著提要》，上海书店出版社，2006 年，第 187 页。

❺ 徐宗泽：《明清间耶稣会士译著提要》，上海书店出版社，2006 年，第 188 页。

❻ 钱存训：《近世译书与现代化》，《文献》，1982 年第 1 期；江晓原：《天文西学东渐集》，上海书店出版社，2001 年；刘钝：《从徐光启到李善兰（以〈几何原本〉之完璧透视明清文化）》，《自然辩证法通讯》，1989 第 3 期等。

能论其所以然之理"❶。但他的《浑盖通宪图说》实际只是翻译了克拉维乌斯《天球论》中平仪的结构、功能与使用方法，而省去了占原书比重三分之一的几何学原理部分，将一部800多页的天文学巨著译成了不足200页的天文仪器使用说明书。他的译书规划也重在实用性，"今诸陪臣真修实学，所传书籍又非回回历等书可比，其书非特历术，又有水法之书……算法之书……日晷之书……"。他对《几何原本》的介绍亦强调其用途："《几何原本》，专究方圆平直，以为制作工器本领。"❷ 与之相似的还有王徵。王氏钟情于西人的制器技术，与邓玉函合译《远西奇器图说》，但译本也把原著的物理理论与数学原理部分略去，使其成为一本真正的"图说"——技术手册。再如徐光启对西方数学逻辑理性的认识几乎超越所有同时代人，但他强调最多的也是数学的"百家之用"，而且对于逻辑理性他更多的是看重其改造传统思维方法的工具价值，而难以看到其畏惧任何权威而仅依赖于理性的精神。

因此，儒学的实用理性在促进西方科学大量引入的同时，也天然地抑制或排斥了国人对其理论特质与内在价值的认识。这对于改造传统科学以及整个儒学的学术传统是极为不利的，所以令人惋惜的是，明清之际，儒者们并没有抓住这一次可以通过学习异质文化以实现儒学重构的伟大历史契机。这当然有明清鼎革的历史原因，但儒学自身的问题亦是非常重要的原因。由此我们也发现，仅看到西方科学的工具价值，仅把它作为补缀儒学的工具是不够的，儒学要得复兴，必须如十六、十七世纪的日本，彻底学习西学从工具价值到西学理论理性的内在价值。

（三）会通中西的功与过

明末清初的儒家学者在学习与研究西方科学过程中，用到比较多的词汇就是"会通"，即将中学与西学融会贯通之意。不仅方以智，在其之前

❶ 徐宗泽：《明清间耶稣会士译著提要》，上海书店出版社，2006年，第186页。
❷ 徐宗泽：《明清间耶稣会士译著提要》，上海书店出版社，2006年，第194页。

的徐光启、李之藻，之后的王锡阐、梅文鼎等皆言"会通"。不过徐光启"融彼方材质，入大统型模"的会通模式只是一种引入西学的权宜之词，实际《崇祯历书》的编纂却几乎尽用西法，所以王锡阐才说其"尽堕成宪"，而且他本人对西学是十分推崇的。但至方以智却有了方向性的转变，即此后学者都将会通中西的立足点放在了传统文化上。如方以智虽有"坐集千古之智"的胸怀，但他学习的目的却是"借远西㸑子，申禹周之矩积"❶。因此，尽管他承认西方与中国有同样发达的文化，认为其科学确实有优越于中土的地方，但他探究宇宙之普遍法则的视野，却最终局限在家传象数易学中，把"一在二中""相反相因"看作最高的至理，这使他对西方科学的研究只能停留于知识与方法的工具价值层面，而看不到西方科学探索事物内在机制与因果联系的内在价值。安国风说方中通最终也将"河""洛"看作数学的全部基础是一个值得深入研究的问题，这应是其中一个重要原因。

将立足点置于传统文化是所有文化接纳外来文化的一种普遍立场，但是方以智及其后来的儒家学者的会通工作却主要是化"新"为"旧"，而非化"旧"为"新"，也就是说，他们很自然地将西方科学纳入自己原有的知识框架，并以旧知识消化新知识。比如，方以智对西方科学的体系与特点虽有较真切的体会与理解，但他的学习与引入只是有选择地将西方科学的天文、地理、物理、生物、生理、机械技术作为传统科学的补充穿插在他的著作中，使其成为传统科学体系中的一个组成部分，而没有接受其科学知识的分类体系。樊洪业先生就这一问题分析指出，《物理小识》依然采用传统科学的分类体系，而使他的知识分类依然停留于中古水平，没有因为学习西方科学而有所改进❷，其实这正体现了儒学吸收异质文化的特点。明末清初士人所做的另一类会通则是将西方科学做本土化处理，如中国数学家关于《几何原本》的研究著作，方中通的《几何约》、李子金

---

❶ 方以智：《物理小识》，商务印书馆，1937 年，自序。
❷ 樊洪业：《耶稣会士与中国科学》，中国人民大学出版社，1992 年，第 136 页。

的《几何匙》、杜知耕的《几何论约》几乎不约而同地把欧几里得的公理
化形式略去，同时将其代数化，这有很多学者进行了研究，此处不予赘
述。方以智等学者所做的会通工作使西方科学很快被融进了传统科学中，
易于后来学者学习，因而也易于新知传播，但是被融入传统知识体系或被
本土化处理的西学知识已失去其原有的特征，使人无法体会中西学之本质
差异，因而不利于对西方科学的深度探究。所以，独具特色的西方科学经
过一段时间的传播与发展，竟被悄无声息地融入儒学体系中，至乾嘉时期
则成为儒者治经的工具，而不复原来面目。因此，学人会通的结果既有推
动西方科学传播的积极作用，亦有阻碍中国学者认识西方科学之本质与特
色进而影响对其深度探究的消极作用。

三、对儒学未来发展的启示

对西方科学与实学思潮关系研究的当代价值除了澄清此一时期儒学与
科学的历史关系，还可使我们正确认识儒学的优缺点，尤其是儒学在接纳
科学时所表现出的某些弊端，从而为今天儒学的发展提供可以借鉴的经验
与教训。在高速发展的今日中国，儒学如何才能完善与发展自身，发挥其
应有的文化功能仍是一个需要继续探讨的问题。儒学如果在今天还能承担
其引领人文精神之方向的文化功能，则需要发扬自身的优势同时摒弃或改
造自身的缺陷。从方以智乃至整个实学思潮的儒家学者对西方科学的态度
及吸纳方式的特征来看，我们认为儒学的开放性是仍须保持的，其正德、
利用、厚生的价值观也是值得阐扬与传承的，但是那些滞碍儒学发展的旧
价值观念与学术传统如实用理性、认知伦理化、有些偏执的文化自尊等，
则应予以摒弃，同时吸取其他文化的精华以补充和更新旧有的观念与传
统，我们称之为"固本""弃旧""纳新"。因为任何文化系统要在更新着
的时代中获得生机与发展的力量都需要不断改造和完善。这里我们主要分
析后两者，即"弃旧""纳新"的问题。

　　一是"弃旧""纳新"的必要性问题。摒弃或更新旧的观念与学术传统是儒学重新获得生命力的前提，因为不如此儒学就不能适应当今社会的发展，更不能成为引领今日中国发展的精神文化导向。如实用理性，时至今日仍是指导大多数中国人学习与工作的思想原则，它在士人接纳西方科学过程中所表现出的消极作用至今也仍然存在，尤其是实用理性所导致的功利主义态度。今天的科技政策，依然倾向于那些实用性强，尤其是能有立竿见影之效果的课题，所以基础研究仍然薄弱，"钱学森之问"也依然困扰着政府与每个中国人。而在教育领域，从 20 世纪 80 年代就呼吁的教育体制改革，以素质教育取代应试教育，至今不但未见成效，而且应试的倾向反而愈演愈烈。各级地方政府仍以升学率这一极其功利的指标衡量学生与学校，这一功利指标对青少年的全面发展极为不利，因而也间接影响到中国未来的人才发展。其他领域莫不如此。再如，认知伦理化的传统似乎随着科学的引进与发展已退出历史舞台，但实际上在认知领域，客观认知的独立地位、理性精神似乎并未确立，这也是关乎中国科学以及各文化领域的一个重要问题，因为没有独立的客观认知，就没有理性精神，科学的发展乃至整个人文环境的建设就没有保障。而克服上述两种旧的弊病的最好办法就是"纳新"，即吸纳其他文化中优秀因子尤其是西方科学中求真与理性的精神以改造自身。余英时先生说的儒学若要在当今思想世界保持其应有地位就必须实现内在价值的转换应该就是这个问题。❶

　　二是"弃旧""纳新"的途径与方法问题。改造实用理性等旧观念以实现儒学内在价值的转换并非易事，更非短时间内所能奏效，但并非难以做到。一方面，儒学发展史上，不乏通过吸纳其他文化系统或文化领域的资源改造自身的成功经验。如魏晋时期儒者"援道入儒"，以道家的自然原则克服儒学神学化、虚伪化的弊病，再如，两宋时期理学家"援佛入儒"，吸收佛教信仰的直觉，调和了儒学对当下人生的关注与精神超越的矛盾，实现了儒学的重构。另一方面，儒学在今天仍有许多可以利用的资

---

❶　余英时：《戴震与章学诚》，三联书店，2003 年，自序。

源。因此，只要儒学放下文化自尊的面子问题，以更加开放的学习态度吸纳异质文化的优秀因子，完成"弃旧""纳新"的自我重构是可能的。

首先，儒学还是应吸取西方科学的求真与理性精神，这在当前比较迫切的。因为理性精神在全民的确立还未完成，而求真与理性恰是西方科学最本质的东西，也是其持续发展的内在动力。虽然西方在 20 世纪末已经历"反理性"的思潮，但对于儒学来说，却仍需要补上理性精神这一课。不过从方以智时代，我们对科学的学习就仅停留于知识方法层面。即便远见卓识如徐光启，对《几何原本》所体现的西方科学论证的严密性和逻辑严谨性的认识之深几乎无人超越，但说到对科学的引进仍是功利主义的。究其原因，还是用其来改造人的思维和作为"百家之形囿"的工具。当然，方以智与徐光启的时代近代科学才刚处于发育时期，科学精神在社会中也未成显性状态，能看到西方科学之实证精神和严密的逻辑精神已是二人对时代的巨大贡献。但在科学以及科学精神已经大发展的今天，我们学习得仍不够深入。所以，必须放下身段认真汲取，因为"科学精神比它的技术应用更深刻。这种精神通过多代对真理热情的人灌输下来，导致容许我们判断一切问题的推理方法。在它的任何表达中，自私自利、个人偏见和成见与它不相容。它在它的观点上是非个人的和客观的，不受世人憎恨的影响，不受对它赞赏的诱惑。在各种环境下科学都不会黑白颠倒或是非不分"❶。因此，儒学也只有吸取科学之求真与理性精神，实现某些层面价值观的转换才能为今天的科学以及其他社会领域的发展提供精神文化的滋养与助力。

其次，对于如何学习其他文化类型或文化系统，儒学也有许多可以效仿的范例。如基督教在中世纪经历的自然哲学化或理性化的过程，在当代经历的现代化过程。当基督教遭遇希腊自然哲学的输入时，亦有"窃取"说，比如希腊教父尤斯汀认为，希腊自然哲学的很多内容取自《圣经》。但是却有很多神父认为希腊哲学是有用的工具，可以用来帮助正确理解基

---

❶ 李醒民：《科学文化的意蕴》，高等教育出版社，2007 年，第 218 页。

督信仰，或者很好的解释《圣经》，如用科学宇宙论解释"创世说"。所以教父们不约而同地采取了"婢女"策略，即以希腊自然哲学为基督教服务的"婢女"。这实际上远没有儒学对西方科学的态度开放。但至圣奥古斯汀，他虽然也采取婢女策略，指出异教知识只有在能够促进教义的时候才能使用，而且还须确保其不被当作目的。不过他强调理性在信仰中的地位，指出信仰必须先理解，教义中揭示的真理必须要用理性来解释和论证却促进了基督教对自然哲学的吸收。因此，教父们不但没有鄙弃希腊文献，反而"把这些文献著作置于核心位置，因为他们逐渐认识到希腊形而上学和自然哲学在人们理解基督教和上帝所造创的世界的过程中是必不可少的工具"[1]。所以基督教至 13 世纪末虽经历了与希腊自然哲学主要是亚里士多德自然哲学的对抗，但至14—15 世纪却又与它走到了一起。而且自然哲学由于得到了适当的自治权，竟根植于神学中而发展起来，而神学研究也因为吸取了自然哲学的内容与方法开始走向分析化与理性化。而面临当今世界人类知识与科技飞速增长挑战的基督教，则在继续为了适应社会发展对旧的思想与传统做出富有创造性的新解释，如"消解神话之企图""宗教之彻底世俗化"等。[2] 因此，儒学也可以吸取科学的理性精神改造自身缺陷，实现价值系统的转换或更新，从而实现理性化与现代化。但是，通过方以智的个案，我们既看到儒学面对异质文化的开放性，也看到儒学与异质文化互动所暴露出的弊端与缺陷；既让我们看到儒学在自我矫正的需要与外部刺激的碰撞下实现自我突破的可能，又使我们意识到儒学自我矫正与更新所面临的困难。儒学的价值体系就如拉卡托斯的"科学研究纲领"，虽然"保护带"柔软，"内核"却非常坚硬。因此，儒学吸取科学的理性精神改造自身，实现价值系统的突破乃至转换或更新，从而实现理性化与现代化又是一项极其艰巨的事业。但是，儒学在新时代下要实现创

---

    ❶ 格兰特：《科学与宗教：从亚里士多德到哥白尼》，常春兰、安乐译，山东人民出版社，2009 年。

    ❷ 刘述先：《儒家思想的转型与展望》，河北人民出版社，2010 年，第266 页。

造性转化和创新性发展，突破其价值硬核以实现传统与现代的完美结合又是必须地。儒学的诸多观念也只有通过与现代观念的相互激荡中改造自身，适应时代发展，达到善与真的完美结合，才能发挥引领中国社会发展的精神文化功能，从而为中国科学的发展，也为整个中国社会的发展提供更多更有益的精神滋养与文化动力。

四、结论与未来研究展望

本书选取第一次西学东渐为研究场点，以方以智为个案来分析西方科学与明末清初实学思潮的互动，揭示此一时期儒学与科学的历史关系。因为这一时期儒学与科学发生了较多互动，既有科学对儒学的多方面影响与冲击，也有儒学面对科学所采取的特有态度与方式。因此通过对这次儒学与科学正面遭逢情况的分析，我们或可发现儒学与科学关系的更多历史侧面。

明末清初是实学思潮高涨与西方科学东渐共存的历史空间，在反王学末流空疏之弊与西方科学刺激下，方以智形成了以重知识的观念扭转王学超知识乃至"反知识"主义的观念、以实证方法研究实际事物之为学原则矫正王学"舍物言理""扫物尊心"之不着实际之学风的重读书、重客观认知的实学思想。本书主要分析西方科学对方以智实学思想的影响以及方以智的实学立场对其吸收科学的作用机制。在对相关一手文献资料的阅读与分析中，我们发现，西方科学对方以智在知识、方法及"格物致知"观等方面都有较大影响。

在知识层面，方以智九岁就有机会向熊明遇学习西方科学，成年后又系统阅读与研究过《天学初函》等译著，因此他对西方科学的精确性、实用性与有效性有深刻认识，因而对其也非常重视。在方以智的两本实学著作《物理小识》与《通雅》中，不但引用与吸收了他感兴趣的西洋新知，而且还使这些知识成为其知识结构中的有机组成部分，与传统科学相互补充、有机结合，共同成为其研究自然事物的基础理论。而随着知识的渗透，方以智的知识观点也发生了较大变化，即一方面将理学偏重于伦理治教的知识内涵转向关注外在世界的客观知识，将自然知识、实用技术以及经典文献的考证知识重新纳入儒学的研究范围，重塑了"知识"的内涵，为儒学开辟了重视形而下的客观知识的实学之路，也为明末清初实学思潮的发展注入了新鲜血液。另一方面，则把知识的地位提至与德性同等的高度，突破了儒家传统仁、知（智）关系的定位，一改孔子奠定的仁智统一、仁统一切的伦理基调，在承认"仁智统一"的前提下提出了"知统一切、仁入一切""三德首知"的命题。

与此同时，在西方科学的对照下，方以智也发现了中国传统学术研究方法的缺陷，即无论自然科学还是经学都缺乏凿实的精神以及与之相应的实证方法。因此，他积极学习，使实证成为一种方法的自觉，也因此，观察、实测、实验以及对结论须予以验证的思想便成为贯穿其自然研究的方法论原则。而且与前人不同的是，他还增加了在实测、实验基础上的分析与论证等理性成分。值得注意的是，在西方科学的影响下，方以智不仅把实测、实证视为"质测之学"的方法论原则，还将其推广至考证学与史学领域，用以改造整个传统学术。所以，方以智也因此而成为17世纪西学逐渐进入儒学链条上的关键人物。

知识的渗透与方法的学习还使得方以智对儒学"格物致知"的认识与理解也发生了较大变化。他在"格物致知"的对象、目的、方法等方面都有超越于儒学传统之处，把儒者探求的对象扩大至自然界，同时还使探究事物的"物理"与"至理"成为儒者的重要目的，并提出以"质测"为基础的"质测"与"通几"兼用互补的方法论。虽然，方以智对传统"格物致知"的突破也表现出多方面的不彻底，但儒学"格物致知"的内涵与性质却因此而发生变化。从认识的角度看，方以智的突破甚至可以看作在西方科学刺激下，儒者对自然科学之地位与价值的认识，以及儒者对客观认知的一种探求。

由方以智对西方科学的引用与研究及西方科学对其思想与学术研究方法的影响可知，方以智对西方科学的态度是开放的，但是他对西方科学的吸收却是有选择性的，即他倾向于引进实用性、技术性的知识，而忽略原理性与理论性的知识，同时他兼采西学统归于易的原则与"补儒""救儒"之目的同样使他对西方科学的学习与吸纳受到很大限制。除此，方以智对西方科学的评价与态度的诸多矛盾，同样影响到他对西方科学的认识深度与吸纳程度。

通过方以智的个案分析我们得出的结论是，在儒学框架内，科学有其存在与生长的空间，对于西方科学，儒学也有供其切入的衔接点，方以智对西方科学的积极吸纳与研究即可证明。而西方科学对方以智在知识、研究方法、"格物致知"观层面的影响以及儒学因此而发生的诸多变化又证明了儒学对科学的吸收能力与包容性。因此，儒学与科学有内在关联的一面，在特定的历史时期儒学也有热情拥抱、亲密接触的一面。由此可知，前述"儒学阻碍科学论"与"儒学不需要科学论"的观点是有失偏颇的。同时表明，明末清初实学思潮与西方科学存在复杂的互动关系，儒学与科学的关系是一种在历史发展中不断变化的多元的动态关系。除此，我们也发现了儒学面对异质文化所暴露出的缺陷与弊端，但这也为今天儒学的复兴与发展提供了启示，即儒学在今天若要实现复兴并承担引领中国社会发展的精神文化功能，就要克服实现用理性、认知伦理化、近乎偏执的文化自尊等缺陷。学习与吸收其他异质文化的优秀因子尤其是科学的求真与理性精神仍是儒学未来发展的方向与途径。

本书试图通过对方以智的个案分析为历史上儒学与科学的关系提供一种实证性的研究。其理论价值在于，微观个案研究与扎实的文本分析能够为儒学与科学的关系研究提供有效的实证性分析理论，展示儒学与科学关系的多个侧面，澄清儒学与科学的历史关系，同时也能够将科学对儒学的影响作用深入到核心概念层面，揭示儒学接纳西方科学的方式与具体路径，从而把儒学与科学的关系研究推进至更深层次。这也是以往宏观文化研究难以做到的。其现实意义在于，明末清初实学思潮与西方科学的关系研究还可以揭示儒学理解与吸纳科学时所表现出的合理性与弊端，为儒学的未来发展提供一些建设性的方案与策略。因此对于探讨儒学应如何发挥在当今时代应有的价值与意义；对于儒学应如何吸纳其他文明尤其是西方科学文化中的精华来充实与完善自身；对于如何建构一种更适于儒学与科学的对话交流机制，实现二者的最佳共存与合作方式，都有积极意义。因为，儒学的复兴与科学的发展及其二者的共荣共处，在今天中国的现代化发展中有着至关重要的作用。

本书的研究尚存在许多问题与不足。一是笔者虽希望通过对方以智与西方科学译著的文本比较与分析来揭示西方科学对儒学的影响以及儒家学者接纳西方科学的具体方式，但在内容安排上还是偏重于其质测之学，对其考据学中的西学因素考察不够。二是，笔者的理论功底不足，对材料进行理论分析的力度不够，这也影响了在思想文化意义上的提升。

基于上述缺陷，笔者希望在今后的研究中继续将本课题深化并完善之。一是，继续关注方以智的考据学，因为这不仅是研究西方科学向儒学渗透的关键性环节，也是完善此一时期儒学与科学关系的重要课题。对此，过去学者关注不多，仅有李天纲提及方以智在明末清初儒学与西学关系方向性转变过程中的地位，但却未展开分析。二是，继续挖掘与此课题相关的新资料，为未来研究提供更多线索。如方以智未刊行的书籍与书信等能够证明方以智与西方科学关系以及方以智与清代考据学者在学术方面之相关联的资料。这对研究明末清初儒学与科学的关系以及明清思想史都有所助益。

后 记

本书是在我博士论文基础上修订而成的。回首过去，感慨万千，思绪纷繁，但最多的还是对那些曾经给予我无私帮助的老师、同窗与家人的感激之情。

首先，衷心感谢我的导师马来平教授对我的谆谆教诲。在我的学习过程中，从论文选题到论文的撰写与修改，从资料的搜集到疑难问题的解决，马老师都给以很多指导，正是在导师的帮助和鼓励下，我的博士论文才得以顺利进展并完成。此外，马老师精深的学术造诣、严谨的治学风格也深深地影响着我对学术的态度，使我受益良多，而马老师的勤勉与自律亦是我学术征途上永远要学习的学术品格。

还要感谢山东大学的苗润田教授、王新春教授、杜泽逊教授、马佰莲教授、何朝晖教授、常春兰副教授，感谢他们在论文开题、答辩及审阅过程中给予我的诸多指导，感谢他们提出的中肯的意见和切实的建议，使我的论文能够得到较好地修改与完善。

与此同时，我还非常幸运地得到了中国科学院大学尚智丛教授的指导，在论文审阅过程中尚老师为我指出了论文中存在的问题，且日后成为我从事博士后研究期间的导师，在此对尚老师表示特别的感谢！此外，还要感谢苏州大学的蒋国保教授和台湾清华大学的徐光台教授，蒋老师在病中依然为我答疑解惑，令我感激之余也心怀愧疚。徐教授对明末清初儒学与科学关系的研究成果颇多，因此对我论文的指导切中肯綮。徐教授还无私地提供给我与论文相关的资料，令人不胜感激。另，中科院自然科学史研究所刘晓副研究员对论文写作以提出过宝贵意见，在此亦表示深深的谢意！

回想在山东大学文史哲研究院学习期间，李鹏程老师、刘丽丽老师在学习和生活中给予我的无私帮助，在此亦对她们表示感谢！

还要感谢宋芝业师兄、王刚师兄在学术方面对我的指导和帮助。宋芝业师兄不惜自己的宝贵时间，在论文撰写和疑难解惑方面都曾给我非常多的指导，实在不胜感激。王刚师兄博学睿智，亦给我较多帮助。此外，吕晓钰、张庆伟师弟在学习和生活上给我的帮助也特别多。还要感谢"马家军"的所有成员，刘溪、王静、刘星、徐洪勃、吴仕震、严茂源、马晓潇、王延鹏等同学给我的诸多帮助，在这个犹如大家庭般的集体里，我感到了人生的美好和生活的温暖，感谢大家！

特别感谢我的家人，首先是我的父亲对我的关爱和帮助，其次是我先生王磊对我的支持与鼓励，女儿千千对我在外求学的理解和谅解。在此，谨以本书作为对家人的回报，献给他们。

虽然博士毕业后一直希望能再次对论文进行重大修改，但是时光匆匆，家庭、工作诸多事务为之牵绊，而且博士毕业后又从事了两年半的博士后研究工作，因此修改工作最终未能达到自己的目标。在此也希望导师、同学以及学界同人能予以谅解且继续提出宝贵意见。

杨爱东

2019 年 10 月

参考文献

［1］FUNG Y L. Why China has no science—An interpretation of the history and consequences of Chinese philosophy ［J］. International journal of ethics，1922（3）：237 – 263.

［2］李约瑟. 中国科学技术史：第二卷 ［M］. 北京：科学出版社，1990：3 – 16.

［3］李申. 中国古代哲学和自然科学 ［M］. 上海：上海人民出版社，2002：528 – 531.

［4］唐擘黄. 明季清初西来天算对于清代学术的影响 ［J］. 中山文化教育馆季刊，1935（3）：447 – 460.

［5］王廷相. 王廷相集 ［M］. 北京：中华书局，1989.

［6］侯外庐. 中国思想史 ［M］. 北京：人民出版社，2011.

［7］罗钦顺. 困知记 ［M］. 北京：中华书局，1990.

［8］方以智. 物理小识 ［M］. 上海：商务印书馆，1937：3.

［9］沈定平. 明清之际中西文化交流史——明代调试与会通 ［M］. 北京：商务印书馆，2007.

［10］徐光台. 异象与常象：明万历年间西方彗星见解对士人的冲击 ［J］. 清华学报，1999（12）：529 – 566.

［11］何兆武. 明末清初西学之再评价 ［J］. 学术月刊，1999（1）：24 – 35.

［12］何兆武. 中西文化交流史论 ［M］. 北京：中国青年出版社，2001.

［13］熊明遇. 格致草 ［M］. 郑州：河南教育出版社，1993.

［14］刘钝，从徐光启到李善兰——以几何原本之完璧透视明清文化 ［J］. 自然辩证法通讯，1989（3）：55 – 65.

［15］艾尔曼. 中国近代科学的文化史［M］. 上海：上海古籍出版社，2009.

［16］方以智. 通雅［M］. 上海：上海古籍出版社，1988.

［17］仲伟民. 从知识史的视角看明清之际的"西学东渐"［J］. 文史哲，2003（7）.

［18］方以智. 东西均［M］. 庞朴，注. 北京：中华书局，2001.

［19］葛荣晋. 实学思想史［M］. 北京：首都师范大学出版社，1994.

［20］张西平. 西学与清初实学变迁［J］. 现代哲学，2007（4）：87－94.

［21］方以智. 青原志略［M］. 北京：华夏出版社，2012.

［22］何俊. 西学与晚明思想裂变［M］. 上海：上海人民出版社，1998：132－149.

［23］徐宗泽. 明末清初西士与吾国学者所著书概论［J］. 圣教杂志，1935（1）.

［24］方以智. 一贯问答［M］//儒林（第二辑）. 庞朴，注. 济南：山东大学出版社，2005.

［25］尚智丛. 明末清初的格物穷理之学［M］. 成都：四川教育出版社，2003.

［26］方以智. 易余［M］. 上海：上海古籍出版社，2018.

［27］李志军. 西学东渐与明清实学［M］. 成都：巴蜀书社，2003.

［28］英纯良. 耶稣会士在中国之贡献［J］. 新北辰，1937（2）.

［29］谢国桢. 略论明末清初的学风的特点［J］. 四川大学学报，1963（2）：1－35.

［30］徐海松. 清初士人与西学［M］. 北京：东方出版社，2000.

［31］康德. 康德三大批判合集［M］. 邓晓芒，译. 杨祖陶，校. 北京：人民出版社，2009.

［32］李天纲. 跨文化的诠释：经学与神学的相遇［M］. 北京：新星出版社，2007：30－36.

［33］杨国荣. 明清之际儒家价值观的转换［J］. 哲学研究，1993（6）：54－62.

［34］徐宗泽. 明清间耶稣会士译著提要［M］. 上海：上海书店出版社，2006.

［35］许慎. 说文解字［M］. 杭州：浙江古籍出版社，2012：158.

［36］张晓. 它山之石——评明清间输入西方科学文化之价值［J］. 自然辩证法研究，1992（4）：10－17.

［37］揭暄. 璇玑遗述［M］. 台北：台湾"商务印书馆"，1982.

［38］钟鸣旦. 文化相遇的方法论：以 17 世纪中欧文化相遇为例［J］. 清史研究，2006（4）.

［39］梅文鼎. 梅勿庵历算书目（丛书集成初编：第 20 册）［M］. 上海：商务印书

馆，1939.

［40］任道斌. 方以智年谱［M］. 合肥：安徽教育出版社，1982.

［41］徐光台. 藉"格物穷理"之名：明末清初西学的传入理性主义及其限度［M］.
上海：三联书店，2003：165－208.

［42］戴震. 戴震全书（第六册）［M］. 黄山：黄山书社，1994.

［43］余英时. 方以智晚节考［M］. 上海：三联书店，2004.

［44］陈卫平. 明清之际西学流播与中国本土思想的接应［J］. 南京大学学报，2009
（10）：81－89.

［45］戴震. 东原文集（卷四）［M］. 黄山：黄山书社，2008：139－140.

［46］韦政通. 中国思想史［M］. 上海：上海书店出版社，2003：908－919.

［47］邓建华. 文化转型期中国士人对西学的价值取向［J］. 江汉论坛，1996（8）：
26－31.

［48］萧萐父. 吹沙集［M］. 成都：巴蜀书社，1991.

［49］程颢，程颐. 二程遗书［M］. 上海：上海古籍出版社，2000.

［50］蒋国保. 方以智与明清哲学［M］. 黄山：黄山书社，2009.

［51］张践. 明清实学是西学东渐的思想土壤［J］. 北方工业大学学报，2006（2）：
57－63.

［52］梁启超. 中国近三百年学术史［M］. 北京：东方出版社，1996.

［53］马来平. 西学东渐中的儒学与科学关系［J］. 贵州社会科学，2009（1）：1－8.

［54］朱熹. 朱子语类［M］. 黎靖德，编. 王星贤，点校. 北京：中华书局，1986.

［55］陆九渊. 陆九渊集（卷十一）［M］. 北京：中华书局，1980.

［56］徐光台. 熊明遇与幼年方以智［J］. 汉学研究，2010（3）：259－290.

［57］朱熹. 四书章句集注［M］. 上海：上海古籍出版社，2006.

［58］安国风. 几何原本在中国［M］. 纪志刚，等译. 南京：江苏人民出版社，2008：
483－487.

［59］关增建. 方以智"通几"与"质测"管窥［J］. 郑州大学学报，1995（1）：
11－14.

［60］张华. 博物志［M］. 台北：台湾"商务印书馆"，1982.

［61］邓克铭. 方以智的知与无知［J］. 鹅湖学志，2014，52（6）：115－149.

［62］王夫之. 船山全书（第12册）［M］. 长沙：岳麓书社，1996：637.

[63] 朱彝尊. 静志居诗话 [M]. 北京：人民文学出版社，1990.

[64] 宗羲. 明夷待访录 [M]. 北京：中华书局，2007：8 - 12.

[65] 文甫. 晚明思想史论 [M]. 北京：东方出版社，1996.

[66] 荫麟. 明清之际西学输入中国考略 [J]. 清华学报，1924（1）：38 - 69.

[67] 方中通. 数度衍 [M]. 台北：台湾"商务印书馆"，1982.

[68] 李智明. 中国古代语言学史稿 [M]. 贵阳：贵州教育出版社，1993.

[69] 严敦杰. 方中通《数度衍》评述 [J]. 安徽史学，1960（1）：52 - 57.

[70] 山田庆儿. 古代东亚哲学与科技文化 [M]. 沈阳：辽宁教育出版社，1996.

[71] 杨建忠. 方以智《通雅》对清代学风的影响 [J]. 韶关学院学报，2004（2）：40 - 44.

[72] 关增建.《物理小识》的天文学史价值 [J]. 郑州大学学报（哲学社会科学版），1996（3）：63 - 68。

[73] 梁启超. 清代学术概论 [M]. 北京：中国人民大学出版社，2004.

[74] 朱熹. 晦庵先生朱文公文集 [M]. 上海：上海古籍出版社、安徽教育出版社，2001.

[75] 董光璧. 易科学史纲 [M]. 武汉：武汉大学出版社，1993.

[76] CHAMBERS D. Locality in the history of science：Colonial science，technoscience，indigenous knowledge [J]. Osiris，2000（15）：221 - 240.

[77] 葛兆光. 中国思想史（第一卷）[M]. 上海：复旦大学出版社，2001.

[78] 王夫之. 读通鉴论 [M]. 长沙：岳麓书社，1988：10.

[79] 王夫之. 思问录 [M]. 上海：上海古籍出版社，1996：68.

[80] 萧萐父. 明清启蒙思想与学术流变 [M]. 沈阳：辽宁教育出版社，1995.

[81] 方中履. 古今释疑序 [M]. 济南：齐鲁书社，1995：21 - 99.

[82] 赵刚. 论阎若璩"虞廷十六字"辨伪的客观意义——与余英时先生商榷 [J]. 哲学研究，1985（4）：23 - 31.

[83] 朱维铮. 利玛窦中文著译集 [M]. 上海：复旦大学出版社，2007.

[84] 黄兴涛，王国荣. 明清之际西学文本 [M]. 北京：中华书局，2013：119 - 122.

[85] 利玛窦. 乾坤体仪 [M]. 台北：台湾"商务印书馆"，1982.

[86] 爱因斯坦. 爱因斯坦文集（第一卷）[M]. 许良英，等译. 北京：商务印书馆，1976.

［87］ 王永礼，胡化凯. 方以智"光肥影瘦"说的实验研究［J］. 自然科学史研究，2002（4）：332 – 337.

［88］ 徐光启，等. 崇祯历书［M］. 上海：上海古籍出版社，2009：352.

［89］ 罗炽. 方以智评传［M］. 南京：南京大学出版社，1998：36.

［90］ 朱维铮. 十八世纪的汉学与西学［J］. 复旦学报（社会科学版），1987（3）：153 – 182.

［91］ 陈观胜. 利玛窦对中国地理学之贡献及其影响［J］. 禹贡半月刊，1936（5）：51 – 71.

［92］ 顾炎武. 日知录［M］. 合肥：安徽大学出版社，2007.

［93］ 钱宝琮. 科学史全集：第三卷［M］. 沈阳：辽宁教育出版社，1998.

［94］ ELMAN B. On their own terms（science in China 1550 – 1990）［M］. Cambridge，Massachusetts：Harvard University Press，2005：111 – 112.

［95］ HILL D. The impact and value of science［M］. New York：Hutchinson's Scientific and Technical Publication，1944.

［96］ 李祖锡. 方以智在物理学上的成就及其研究方法［J］. 安徽大学学报，1987（8）：80 – 87.

［97］ 格兰特. 科学与宗教：从亚里士多德到哥白尼［M］. 常春兰，安乐，译. 济南：山东人民出版社，2009.

［98］ 刘述先. 儒家思想的转型与展望［M］. 石家庄：河北人民出版社，2010.

［99］ 薮内清. 中国中世纪科学技术史概述［J］. 科学与哲学，1984（1）.

［100］ 钱存训. 近世译书与中国的现代化［J］. 文献，1982（2）：176 – 205.

［101］ 方以智. 浮山文集前编［M］. 清康熙此藏轩刻本. 上海：上海古籍出版社，1995.

［102］ 李恒田. 明末清初天主教士对于吾国天文之贡献［J］. 新北辰，1936（2）：799 – 807.

［103］ 王萍. 西方历算学之输入［M］. 台北：精华印书馆，1976：69 – 97.

［104］ 陈鼓应. 明清实学思想史［M］. 济南：齐鲁书社，1989.

［105］ 方以智. 膝寓信笔［M］//方昌翰. 桐城方氏七代遗书. 清康熙此藏轩刻本. 北京：国家图书馆出版社，2015.

［106］ 严敦杰. 明清之际传入我国的伽利略天文学说［J］. 天文爱好者，1964（2）.

［107］ 葛兆光. 中国思想史［M］. 上海：复旦大学出版社，2001.

［108］ 张显清. 晚明心学的没落与实学思潮的兴起［M］//中国实学研究会. 实学文化与当代思潮. 北京：首都师范大学出版社，2002：165 – 196.

［109］ 陈卫平. 第一页与胚胎——明清之际的中西文化比较［M］. 上海：上海人民出版社，1992：92 – 121.

［110］ 方以智. 通雅［M］. 上海：上海古籍出版社，1988.

［111］ 冯天瑜. 从明清之际的早期启蒙文化到近代新学［J］. 历史研究，1985（10）：107 – 124.

［112］ 樊洪业. 耶稣会士与中国科学［M］. 北京：中国人民大学出版社，1992.

［113］ 方以智. 药地炮庄［M］. 北京：华夏出版社，2011.

［114］ 徐光台. 儒学与科学：一个科学史观点的探讨［J］. 清华学报，1996（4）：369 – 392.